罗绕典集

[清] 罗绕典 著

曾主陶 主编

刘时雨 副主编

第三册

岳麓書社·长沙

湖南省新闻出版发展基金会资助项目

总　目

目　录

知养恬斋时文钞①

---

① 时文钞目录谨依原刻。正文题目亦依原刻。

知养恬斋时文钞　　下论 ······················· 111

知养恬斋时文钞

曾主陶　王杰成　点校

知养恬斋时文钞　叙

　　炜里居时，读苏溪先生乡、会试卷，窃叹其覃精研思，独洒然于风气之外，而又出之以和平乐易，令人想其性情之正，而卜其福泽之厚，惟以不获亲炙为憾。岁庚子，捧檄来秦，适先生观察于兹，公余召炜与论案头旧业，并出其所为文，俾之校字。炜既卒读，谨拜手而书其后曰：

　　今之论文有二，曰时墨，曰房稿。时墨者，历数科而风气一变，房稿则作者各出所长，而以不趋风气为足尚，是皆不能无所偏也。今之制科，即古选举法。选举者，期于名实相符，显晦一辙，乌得举其素所肄习与其敷奏之言而二之？近世聪慧过人之士，矜奇炫博，其为文率轧苗不可读。又或雷同剿袭，早弋科名。既乃思更假一途焉，以文其陋，匪艰深即诡异。而论者遂执是以为时墨、房稿之分，则吾未见衡文宗匠必菲薄天下士，只令其降格以冀幸一时之遇也。且有明迄今，房稿之卓卓可传者近百数十家，亦未闻有立异于遇合之文之外，舍康庄而就荆棘者。盖文惟其是而已，惟求衷于一是而已。

　　先生以涵天盖地之才，博极群书，所作诗古文词类皆淹贯百家，牢笼万有。而制义一道，则惟撮六经五子之精，以兢兢求合于圣贤立言之旨。兹集合文百四十首，缘时方奉特简，陈臬晋阳，匆匆授梓，仅登其十之一二焉。然先生俯首于兹者垂三十年，其于义理浸灌既深，骎骎然有左右逢源之乐，而中和之气，浑然粹然，表里洞澈，亦已具见。炜非能知先生之文者，但曩窃有见于君子之学，不媚时以求合，不绝俗以鸣高。而时文为人心士习之端倪，必其平日所作与其场屋之文一归于中正，然后不为风气转移，而可主持乎风气。今读先生集，而益确然信也。海内操觚家将各端其趋向，以求举业之正轨，用克仰副本朝清真雅正之式，则兹集其准的欤！

道光二十有一年孟冬既望，兴国李炜谨叙。

知养恬斋时文钞　大学

欲齐其家者，先修其身；欲修其身者，先正其心

齐与修有先务，求之于身心而已。

夫为一家一身计，而不审所先，欲齐之修之，无当也。尚其实验诸身心之际乎？

且为学，莫切于自反。求诸人而不反诸己，则一行偶疏，尔室之观型无自也。求诸外而不反诸内，则一念偶佚，我躬之负疚已多也。古大人审慎于人己内外间，而身范端，而心学懋，亦惟急所先务焉而已。

今以人之混然中处而有是身也。其身之宜修，初不必因家有未闲，而始迫而自责也。然而有必先矣，家固以身为政矣。举一家而身率之，恩既不能掩义。举一家而身亲之，义亦不能掩恩。使其嘻嗃闻而和者流，诟谇形而远者怨，极至不齐之势，而理谕势禁之俱穷，家之咎非即身之咎哉？而可勿修哉？欲其家之同而相亲，则至性至情，身先无载以伪。欲其家之异而相敬，则一颦一笑，身先不涉于私也。纵负罪引慝之日，亦或极人伦之变，莫由见谅于天亲。要以我身祇此离属之恩，使一节未修，此身更无自容之地矣。我身祇此物恒之则，使一行未修，此身更无自立之期矣。则欲齐其家者之必修其身，先莫先于此矣。

今以人之惺然不昧而有此心也。其心之宜正，初不必待身之失检，而始刻以自绳也。然而有必先矣，身固以心为主矣。以一

心摄一身，偶放焉而百为弛。以一心役一身，偶乖焉而百体隳。使其当无事而有惰容，当有事而无守气，任未及修之身，而以万事百忧相牵制，身之累非即心之累哉？而可勿正哉？欲其身之敬以直，内则退藏之地，心先奉若严师也。欲其身之义以方，外则明旦之天，心先凛于於穆也。纵绳趋矩步之时，加以戒惧之功，未免备形其拘苦。要以一心立湛然之体，一息不正，有徇此心而失足终身者矣。以一心达怡然之用，一事不正，有悔于心而贻憾终身者矣。则欲修其身者之必正其心，先莫先于此矣。

夫家者，治天下之则也。

身者，治天下之本也。

6

明明德于天下者，将以端本善则。身心之故，盖可忽乎哉！

融会传意而出之，其理切实，其词淳朴。

通篇只点"欲"字、"先"字数语为正面，余俱从反面说。只是反笔既多，难其浅深虚实。布置停匀，起伏照应，结构完密。惺夫李炜。

自天子以至于庶人，壹是皆以修身为本

知本之在身，天下皆学中人矣。

夫身外无学，即身外无本。上自天子，下至庶人，孰可不惟本是务哉！

且吾人之学，非区区为一身计者也，而究可以一身统之。身之所固而存者，身以内皆性学。身之所推而准者，身以外无事功。古大人兼综乎家国天下之大，体备乎格致诚正之全，夫亦知有本而已。

今夫福惟辟，威惟辟，以其身立庶人之准者，天子也。而藏身必恕，则求人非人，皆此身之所范围，而况其下焉者乎？

今夫秀可升，选可升，以其身近天子之光者，庶人也。而反身必诚，则有物有恒，皆此身之所懋勉，而况其上焉者乎？

此无他，同此身，同此修，则亦即同此本也。顾或者谓，天子以身先庶人，则经纶自远。庶人以身奉天子，则操守各殊。而况自天子以至于庶人，贤知相悬，贵贱互异，夫岂无舍其身而不修，即外其身以求本者。然此惟不知有本焉而已，亦惟不知有身焉而已。夫身之修，固壹是皆以为本者也。

本有由固，而以一身备万理，则格致诚正，皆于身殚内葢之功，纠虔未至，而即侈并包，省身其能无歉乎？夫万物未见，一身隐涵清浊之原，自天子之日就月将，以至于庶人之朝乾夕惕，皆懋修者自操其券也。势分自别崇卑，而宥密只争罔克，夫固有本计焉尔。

本有由端，而以一身宰万化，则家国天下，皆于身验训行之准，防检既严，而递观施措，身教焉有弗从乎？夫万类虽纷，一身可立远迩之则，自天子之九围式化，以至于庶人之一室观型，皆慎修者独握其枢也。当躬各争修悖，而大道自绝歧趋，要惟此本图焉尔。

善为学者，矢敬修可愿之志，励检身不及之功，得其本则万事理，夫岂外是哉？

"自以至于"字，还个囵图；"壹是皆以"字，说得赅括。

雄浑超逸，笔意如长松古桧，风来作虬龙之状。惺夫。

《康诰》曰:"克明德。"《太甲》曰:"顾误天之明命。"《帝典》曰:"克明峻德。"

古之明明德者,可历征诸书焉。

夫德至文与汤与尧,弗可及已。曰克明,曰顾误,其致力为奚若哉!

传者谓《大学》首明德,盖尝统古之明明德者权之,非孔氏私言也。由孔氏而上,溯之文,溯之汤,溯之古帝尧,言心学者《书》为备。迄于今,阅数千百年,古人往矣。至其德,则犹可扬榷陈焉。

今夫德之靡悔者文,而《康诰》纪之。文只此德,德只此明也。何以独曰克明也?且文亦难言懋德矣。躬逢多故,使扰于朋从,则不克明。运际无忧,使诿之旁贷,则又不克明。战胜之权安恃乎?乃当日者,畔援歆羡,累德者除。肃庙雍宫,修德者备。文明柔顺,畜德者深。《书》若曰此何如诸力哉!惟我文考,其德克明,尚何虑气之或拘,尚何虑物之或蔽也。世有不勉于德者,吾愿与读《康诰》。

今夫命之弗僭者汤,而《太甲》陈之。汤无异德,汤无异命也。何以独曰顾误也?且汤亦难言永命矣。简在惟帝,而降监难窥,则何以顾。视听惟民,而向往未定,则又何以顾。倾注之神谁属乎?乃当日者,不迩不殖,以恪谨天命。弗蔽弗赦,以奉若天命。克宽克仁,以永保天命。《书》若曰此何如谨凛哉!惟我商王,顾于天显,尚何虑命之不易,尚何虑命之不常也。世有不知顾畏者,吾愿与读《太甲》。

今夫德之广运者尧,而《帝典》载之。尧德之峻,尧德之明也。又何以独曰克明也?且尧亦难言迪德矣。英年践祚,使忧勤稍懈，则不克明。髦期倦勤，使荒怠偶萌，则又不克明。峻极之量能充乎？乃当日者，钦若分命，合德者在天。允执传心，让德者在廷。便章布化，遍德者在野。《书》若曰此何如实修哉！厥德罔愆，惟帝时克，是不若汤德之犹有惭，是不仅文德之可谓至哉。世有不明尔德者，吾愿与读《帝典》。

何也？曰克明，曰顾諟，皆明也。三圣人实自明之也，德岂异人任哉？

于《书》词，肖其面目；于三圣，得其精神。故只循题布置，而竖义阔达，宏我汉京。龙溪姚湘。

顾諟天之明命

命原于天，商王凛于所顾焉。

夫命者，德所从出也。惟汤顾之，即以为顾乃德也可。

且古大人明德之学，一至命之学也。德之明，原于命。命之明，本于天。使德有未明，即不能惺其神以与天相见。故明德而通帝，谓文之德于受命征之。而受命而享天心，汤之德即于顾天见之。则尝稽之《太甲》，曰顾諟天之明命。

今夫汤之绥猷也以性，而命则性所由成。顾性而曰若，不过顺之以心。而命而曰顾，不啻逆之以目也。则降衷之始，谛审者微也。

汤之致治也以中，而命即中所由定。顾中而曰建，犹似泥于有象。而命而曰顾，乃直视于无形也。则配帝之先，窥求者裕也。

且夫汤之顾天命，亦正不易矣。

清明之志气，使渐染于声色货利，则不能与帝载相感通。以汤具天锡之智，而或不免予智自雄，漫然其罔所顾焉。将退藏之地，无以澄不迩不殖之源，何由本濬哲之全神，而稽天若。

刻励之婍修，使偶即于惕淫匪彝，则不能与天心相孚契。以汤负天锡之勇，而或不免刚愎自用，悍然其不以顾焉。将明旦之交，无以振日新又日之气，安能励检身之笃志，动与天游。

然而命其有常者也。汤之顾命，夫亦有常焉者也。而吾因想其运之济乎变，而事之处其难。

定治功于七十里，独以挞伐匡时，天之开汤也以变。夫非常之举，庸人遇之，易生其纵肆。圣人遇之，倍励其精勤。盖命不僭顾之者，亦与为不僭焉。岂过计哉？亦谓予小子，钦崇天道，祇期对越之际，惕以寅清。俔九围式化，六事省身，究无补于神明之咎凝。命谓何也？故永保天命，左相以惭德戒于前。受天明命，阿衡以一德传于后。

探绝学于五百年，先以闻知绍统，汤之继天也独难。夫非常之责，乘之以怠气，则时益危疑。矢之以精心，则时同临保。盖命不己顾之者，亦与为不己焉。岂好劳哉？亦谓予一人，敬承天休，尤当以精一之严，上追允执。傥昧爽怀惭，陨渊增惧，无由契乎于穆之纯基。命谓何也？故帝命不违，上以绳相土元王之率履。天命自度，下以启祥桑雏雉之忧勤。

此汤之所以无越厥命，而懋昭大德也乎！

说理不袭陈言，用经不尚浮艳，只就成汤全身，写出顾误实际。思力笔力，俱高人百倍。均庵蒋功治。

日日新，又日新

循日新而递进焉，其功乃愈密矣。

夫犹是日新之功，而必日日新之，又日新之，岂遂以心自恃哉？

且人心有不息之机，而惟有以操之，则不患其即于疏也。人心有常惺之体，而惟有以惕之，则不患其邻于怠也。古大人德懋日新，而常若惟日不足者，诚恐刻日求之，而疏与怠且乘于不觉。虽志切图新，奚恃焉？

《盘铭》之言苟日新，赅乎新民之本矣。岂复求多于新之外哉？

然而专言新，而以日程之，此统词也。乃日与日积，而往者不能追。亦日与日分，而来者难于续。节候殊而神明易杂，据其暂以为常焉，不得也。而《铭》则曰日日新矣。

分言日，而以新概之，又浑词也。乃日相乘而日如故，过者辄忘。新相习而新亦如故，久者将懈。据修苦而志意难坚，恃为恒而不加警焉，不得也。而《铭》且曰又日新矣。

大抵天下之境之甚迅也，则功之作辍累之也。有其始而不谋其继，其功既易隳。有其始而徐图其继，其功亦易间。即令事不终隳，而以一心相持于绝续之交，不已多此一间乎？

抑以吾人之心之易纵也，则念之因循误之也。慎厥初而难保其终，其心已可危。慎厥初而不图厥终，其心乃益怠。即令事不终怠，而以一心自遁于宽间之地，不愈觉其可危乎？

诚如是，日复一日而必咸与维新也。且新益求新，而又不俟终日也。其勉于日日而必进以又新者，志不隳于末路。其惕以又新而仍省诸日日者，心惟怀以永图。以日日淬其神，而复以又新作其气，而慆淫匪彝，乃无可乘之隙。以又新弭其缺，而先以日日定其程，而懋昭建中，已定不拔之基。

此其功非勇者不能也。精于勤而罔敢惰，日日所为。贞以恒防其惰，而愈加勤。又新所为进，以渐积一念之坚强，而圣敬日跻之功，弥殷振奋，此固天锡之勇之所固而存者也。

抑非智者不能也。濬其明而无或昧，日日即继。照之离惧其昧，而益加明。又新即自知之，复严寸衷之被濯，而昧爽丕显之学，益切纠虔，此又天锡之智之所昭而晰者也。

非然者，此日之新，或难必诸异日，则事有辍于崇朝者矣。

后日之新，或无逾于前日，则事有习为故常者矣。

尚安见日新之功之大可恃哉！

善于听题，故不统入上文而气脉自通；工于布局，故不呆发本位而意理自透。撒手游行惬心，贵当于此见为文之能事，行文之乐事。惺夫。

《康诰》曰："作新民。"

民不自新，其权操诸上矣。

夫天下无不可自新之民，要在有以作之耳。《康诰》之言，诚治民之轨哉！

且以民心之易蒙也，上无以发其蒙，而民终蒙矣。而以民心之易怠也，上无以胜其怠，而民终怠矣。古大人有被濯斯民之具，有鼓舞斯民之权。使不能激其不怠之心，以启其不蒙之心，则民终不可得而治。

昔者武王念之矣，则尝诰康叔曰作新民。或者谓新固民所自有也，而督而率之曰作，则邻于勉强。新又民所同有也，而震而矜之曰作，则近于更张。且新亦民所不能遽有也，而迫而责之曰作，则涉于驰骛。而《诰》乃必以作新为言者，何哉？

大抵淳风之不复也，作会而民畔，作誓而民疑，则民之世运为之也。使不以作之者转移乎世运，势难以民彝之坏乱而咎天。

污俗之渐成也，迷民难与为治，仇民又易为乱，则民之违心累之也。使不以作之者默纠其违心，势难以民习之泯棼而咎地。

而况当日者，商耇成人，尚留遗化，则缅典型于在昔。将启其新，如逢其故，气机已动于无形。

孟侯小子，甫尹东郊，则报初政于乃兄。将革其故，悉取其新，和怿自成于有象。

而安在不可以作之者。

吾见易其未新而新之，则有不敢过责于民者焉。非纵也。悔祸者之无与图新，正悔祸者之可与图新也。作之而友民可新，顽民亦可新。纵元恶大憝，或无复自新之路，而易寇攘为肇牵，则日用一新也。易群饮为洗腆，则饮食一新也。易泯乱为孝养，则伦纪一新也。况作之以陈时臬，而奉令之民新。作之以蔽要囚，而畏法之民新。荡秽涤瑕，夫何难于更化也哉！

且因其已新而新之，则有不敢薄待夫民者焉。非苟也。向善者之急于谋新，正虑向善者之怠于谋新也。作之而愚民可新，秀民更可新。纵不率大戛，或致阻自新之机，而因土物而心臧，则好尚一新也。因彝训而聪听，则风化一新也。因懋和而弃咎，则践履一新也。况作之以肇元祀，而民新于假庙。作之以艺黍稷，而民新于重农。易恶至中，又何难于振厉也哉！

观于新民，乃叹周之德，与周之所以王已。

"作"字紧从"新"上做去，"新"字即从"作"上得来。上下感动，原有真机括在，即题之真消息也。披却导窾，娓娓动听，知不徒以藻采相耀。惺夫。

《诗》云："邦畿千里，惟民所止。"

观所止于邦畿，一至善之象也。

夫惟得千里之邦畿，而民乃实有所止也。不可，即《诗》言以征至善之象乎！

且天下事必诣乎其极，而道贵协之以中，使不实指一境焉以示之，有莫识其向往者矣。王者躬神灵于上，建其极而归极者在万姓，宅其中而协中者遍四方，而首善之区叹观止焉。懿哉！其惟《诗》之咏邦畿者乎！且夫邦畿，固非仅为域民计者也。

论天下一家之义，则户庭未出。而河山以外有精神，安必萃四方之雨毕风箕，统而致之辇毂。

论海隅率俾之规，则声教可敷。即尊亲之忱无远迩，何俟合九有之衢讴巷祝，环而念彼京师。

而《诗》乃若民于千里中适得所止，且非千里中别无所止者，何哉？

盖照临遍四极，民之所崇奉者天耳。而作邦作对，邦畿若隐握乎天之枢。王者抚五辰以临之，而亿万年之风雨阴阳，皆于此卜和会焉。俯观宇下，凡日南多暑，日北多寒，日西多风，日东多阳，皆未有不归其统驭者。彼民也，亦惟以崇奉乎天者。崇奉乎邦畿，而庸敢自为其风气欤？

疆理暨八埏，民之所附丽者地耳。而和恒居师，邦畿乃显扼乎地之要。王者统九围以式之，而亿万里之男甸采卫，皆于此图王会焉。纵览域中，凡东方曰寄，南方曰象，西方曰狄，北方曰译，皆莫有不归其统摄者。彼民也，亦惟以附丽乎地者。附丽乎邦畿，而安能自外于率土欤？

夫万物各囿于私，而邦畿则廓然公焉。举至公者以范之，民非限于所止，民实同得所止也。而验东风而受律，测海水而来王，悉欲于千里中瞻就乎云日，而况共宅乎芒芒之土者哉！

抑万类各域于卑，而邦畿则巍然尊焉。建至尊者以统之，民非强为之止，民实固有所止也。而缀旒统乎下国，挞伐亦及南乡，犹幸于千里外混一其车书，而况分列于翼翼之邑者哉！

观于此，可以想至善之所在矣。

邦畿写得堂皇，至善才写得正大；邦畿写得通达，至善才写得周全。说理而能肖题之气象，运典而能发题之精神。宏深肃括，光焰烛天。少青李隆尊。

于止，知其所止

绎《诗》之言止，无知者且有知矣。

夫于止之时，各有其所止之地，特患其限于不知耳。乃《诗》之咏止者，其所知不且如是哉？

且宇宙间有一境焉，可以止其所而不迁者，此必万物之所争托也。乃或过焉而辄忘，或舍之而他适，岂其境之有所阻欤？抑亦物之值是境者，其势不能自遂欤？不然，何以不当其境者不知，即当其境者仍不知也。

夫子读《诗》而慨然也，曰：有是哉！缗蛮之诗，亦何其善于言止哉？

吾不解未止以前，何遂有一所焉，巧为止者设也。化机无一息不流，而林密山深，即羽族亦特昭其静况，此亦即各得其所之妙也。而丘隅特其显焉者也。

吾不解既止以后，何独有其所焉，不为止者迁也。事变亦万端迭起，而地偏心远，巢林乃独著其安恬，此亦即能安汝止之机也。而止丘隅又其微焉者也。

然而已有所止矣，且适有所止于止之时矣。

夫天下之物，惟静则生明。彼丘隅固鸟之静境也，顾丘隅有定，而止丘隅者常无定，使鸟而竟淆于无定也者。得气虽曰最先，而审几苦其不早。安能以由定而静者，谛审于若有意若无意之间。

天下之事，惟虑乃有获。止丘隅固鸟之长虑也，顾虑焉而得其安，不虑焉则将不顾其安，使鸟而不顾其安也者。动不必其任天，而识尤暗于择地。安能以虑而能得者，窥寻于不先时不后时之际。

则甚矣。非止之难，而知其所止之难也。寰宇本自旷然，无一能知者特悬所止以为的，将游移惝恍，茫乎若迷。即日游造物之宽，而止形局蹐，兹何独良于择木哉？问鸟之回翔何所始，而知即其始。问鸟之归宿何所终，而止即其终。而非有知之最悉者，何遂审度无差。若此也，谓其所止者，为鸟所得私，而究不得谓私也。即以此一止焉，悬以为的可也。

且知止之难，亦于止而能止之难也。事幾偶当发见，无一能知者即定其所止以为程，将容与逍遥，悬而无薄。必至昧先幾之哲，而自蹈忧危，兹何独惟恐后时哉？欲得止而先以知，故翔焉而后集。能知止而遂能得，故据之以为安。而非有曰止曰时者，何遂形神俱释。若此也，谓知所止者，为鸟所独觉，而究何容罔觉。即以此一止焉，定以为程可也。

鸟犹如此，矧伊人耶？

知其所止一层。于止，知其所止，又一层。一以当止之地言，一以可止之时言也。他手拈此，每易略过"于止"二字。不知有所当止而未能时止，则止终算不得知止。文乃分作两意，实圆成一语。六比浅深相承，精心结撰，妙义环生。惟其善于听题，故能巧于击下。心斋曾广渊。

如切如磋者，道学也；如琢如磨者，自修也

绎《诗》之言学修者，功有序而益精矣。

甚矣，学与自修之宜兼尽也。切磋琢磨，《诗》何善为学修道哉？

且善之至者，必合知与行以求其至。理有所疑，则必剖。乍剖焉而理明，愈剖焉而理无不明矣。欲有所阻，则必攻。乍攻焉而欲尽，愈攻焉而欲无不尽矣。此其说，盖尝得之于《诗》。

今夫《诗》之咏如切如磋者，夫非为穷理咏乎？夫穷理，则孰有如学者乎？顾学之难也，天与人之界既相绝，危与微之念复相蒙。倪讲习不勤，则学之境日封，安必有间之能入乎？讨论未惬，则学之机日塞，安必无间之不融乎？如《诗》言，则固以学之者穷之矣。穷之善与不善之分，而断之有必决。穷之善与至善之分，而研之尤必精。吾见始切焉，而学不涉危疑。继磋焉，而学不淆近似。既切乃磋，而学无嫌于躐等。即切即磋，而学不患其粗疏。学如是，则固非善言学者不能也。夫茫乎若迷，废学者或虞其罔矣。择焉不精，浅学者尤患其愚矣。谁若是之，穷理于显，而判然其不淆。穷理于微，而莹然其不滓者哉！《诗》诚善为学道哉！

今夫《诗》之言如琢如磨也，夫非为遏欲言乎？夫遏欲，则孰有如自修乎？顾自修之难也，罔与克既交战于心，惠与逆遂显形于事。倪省察不严，则锢蔽日深，岂易以摧陷者修之乎？克治不力，则瑕疵百出，岂易以荡涤者修之乎？如《诗》言，则固以修之者遏之矣。遏至不善以归善，力无不破之坚。遏不善以归至善，心无复蒙之垢。吾见始琢焉，而自修有果力。继磨焉，而自修有精心。先磨而琢，而自修递致其廓清。既琢复磨，而自修总

归于缜密。自修如是，固非慎厥修者不能也。夫未加以攻错，藏修者或匿其瑕矣。自恃为浑全，暗修者尚虞其玷矣。谁若是之，遏欲于未事，而本质自露其菁华。遏欲于既事，而全体自融其圭角者哉！《诗》诚善言自修哉！

讲习讨论省察，克治章句，以之诂学修文，即援此映合诗词，妙皆从者也。二字涵泳而出，故构思极奥，而语自光莹。研理极精，而气自疏宕。祁春浦师。

《康诰》曰"如保赤子"，心诚求之

述《康诰》之言慈者，可以想其心焉。

盖保赤者此心，保民者亦此心，诚以求之，即慈之一端，可胜用乎哉？

且教家与教国，其势本不同也，而其心则同。其心之动以诚者，亦无不同心之理。不域于独，而可推吾诚，以与之心之用。不遁于虚，而惟积吾诚，以通之古君子。不出家而教成于国，夫亦恃有其心而已，恃有其心之诚而已。

今且不必概言孝弟，而试言慈，夫慈亦岂待他求哉？求之国，不若求之家。求之家，不若求之心。盖大人不失赤子之心，而即能心赤子之心以为心。心之慈，即心之诚也。吾尝得诸《康诰》矣。今夫《康诰》固告康叔以保民者也，而独拟其心，曰如保赤子者，何哉？

论视民如子之情，君于民，不啻同胞之谊。出水火而登之衽席，非慈惠之师不可也。寰区之忻戚，视如尔室之笑啼，而携持恐后，此其心有发于不自知者焉。

推子惠困穷之意，君于民，俨关同体之亲。解毒痛而抚以恩勤，非众人之母不能也。有欲之蒸黎，等诸无知之襁褓，而顾复必先，此其心有动于不自已者焉。

夫亦曰诚求之而已。

大抵人之心易伪，而保赤子之心则无伪而有真。朝夕而视饥寒，不真何以求其嗜好。嚬笑而窥喜怒，不真何以求其性情。即有时无穷顾虑，几不自解其何心，而以有心求之，而诚见者以无心求之，而诚愈见。盖诚则无妄，无妄则心之所为最真也。

心之用至虚，而保赤子之心则无虚之非实。动静不离左右，求之而体验实周。视听不隔形声，求之而抚摩实切。即有时偶离怀抱，亦若稍释于其心，而心以不求，而诚见者亦心以求之，而诚愈见。盖诚自不息，不息则心之所为能实也。

然则是心也，何心也？即元后作民父母之心也。

暑雨祁寒，事事皆劳清问，心之慈为之，心之诚为之也。亦即天地万物父母之心也。

形姁气煦，息息与为感通，心无往不慈，实心无往不诚也。如是而焉有不中者乎？

即慈之一端，不可以知孝弟乎？

引《康诰》，专主释"慈"字意；或问《语》，类皆然。于立教之本，不假强为云云，仍自面面圆通也。但题之上下过接，最易轇轕；正诠下截，亦易侵占。控驭得法，稳惬如题，如初写黄庭，只是恰好而已。紫峰舒其翂。

此谓唯仁人为能爱人

用爱者不尽归于爱，有善用其爱者也。

夫仁人初不必以爱显，而孰知其所以用爱者，固非仁人不能哉！

且世所赖有仁人者，不恃其有博爱之心，而恃其无偏爱之心。夫人不必无可爱，人正不必皆可爱。用吾爱而遂绝爱不能专者之私，而遂伸爱莫能助者之气。即欲不自以爱见，而千古之称博爱者，要不得不归之不偏爱人之一人。仁人之放流迸弃若此，此未尝市怙冒之恩也，此未尝示优容之度也，此又未尝遽明其登崇俊良之意也。

以仁人而犹若此，以爱人之仁人而忍出此，此果何谓哉？

谓爱人宜宽，岂仁人之于人独刻？何以人欲宽用其爱不能者，仁人刻用之而竟无不能乎？非有权于用爱之先者，而能若此乎？

谓爱人宜泛，岂仁人之用爱独偏？何以人欲泛用其爱不能者，仁人偏用之而莫与争能乎？非有神于用爱之外者，而能若此乎？

此而犹谓爱人者不独仁人也，此而犹谓天下之能爱人者亦正不独仁人也。吾恐爱一人而使受其爱者仅博徒党之名，爱一人而又使忌其爱者莫逃谗慝之口。迨至爱之愿多违，爱之势既阻，将有遽绝其爱未能，曲全其爱又未能者。设举而归之仁人，又将何以用其爱哉？然而仁人之用爱，固不出此矣。

唯仁人无过于爱人之私意，故人之咸望其爱者，即不必悉受其爱，而爱之用已宏。

唯仁人无徒博爱人之美名，故人之不受其爱者，实不能幸邀其爱，而爱之权始定。

此其爱，非心存汲引者不能也。即心存汲引而无以径遂其汲引者，亦不能。夫抑塞磊落之才，岂愿博虚声于众口，乃忧谗畏讥之不已。而额手而庆，乃忽得此仁人，谓前日之爱莫能助者，至此而士气始伸也。则唯仁人之爱，为能公而明也。

此其爱，非心无猜忌者不能也。即心无猜忌而无以尽绝其猜忌者，亦不能。夫进退消长之势，甚难望知遇于群伦，乃弓招币聘之未膺。而拭目而俟，已共识此仁人，谓前日之爱莫能专者，至此而公论始定也。则唯仁人之爱，为能大以正也。

而吾乃益穆然于仁人矣。

以爱字对恶字看，则爱字为正面，恶字即为反面，此题之疑阵也。以爱字含恶字看，则爱字为本面，恶字亦即为此爱字之本面，此题之真诠也。文用此两法，曲折盘旋，实理既得，数虚字亦俱飞动。与可竹项庄剑，神乎技矣。惺夫。

知养恬斋时文钞　上论

君子务本，本立而道生。孝弟也者，其为仁之本与

道必由本而生，益知孝弟之当务矣。

夫道莫大于仁，而为之必自孝弟始。体道之君子，可勿惟本是务哉！

尝谓天下无道外之人，即无远人可为之道。特患驰骛者，不知道先，不知所以为人。夫圣贤所优为，皆始于庸众所必为，则验之在迩在易。而道以显而彰，即推之同与同胞，而道亦博而约，亦在知所务焉尔。

孝弟而犯乱胥泯，此亲亲之仁所见端也。仁者惟当务之为急，岂能外此而别有所务乎哉？君子于此知要道焉，即于此知大本焉。

今夫人必综揽乎繁赜之途，知逆施焉而道悖，泛骛焉而道歧。而后即至情至性，以实求乎万事万物所由基。斯确挚坚深，乃不负圣贤之所以为学。

抑人必反求诸行习之恒，知文饰者本未深，乖戾者本先拨。而后即良能良知，以厚培乎百行五常所从出。斯清明纯肃，乃实见天地之所以为心。

然则君子之恂恂焉惟本是务者，夫岂不知道之广大悉备乎哉？诚以立乎其大为凝道之本，而生而不息即修道之仁。仁非可以漫然为也，则尝即本之说，而深观于孝弟矣。

仁之德原于天，而祗父恭兄，天经实莫之或易。古君子明堂更老，亦既先天下而示以本图。乃始焉自尽其孝弟，而乐以天者无复加继焉。皆化为孝弟，而动以天者无容强递推之。而伦类虽繁，直一如父子兄弟之共成顺象也。本在故也。悖德悖礼绝其萌，斯立人达人从所欲。试与游太平之宇，不诚见天理之流于既溢与？

仁之理根于性，而爱亲敬长，真性自得之最初。古君子内则少仪，亦祇遵往训以自全本计。乃一念有孝弟，率性者无愧天亲。且念念皆孝弟，尽性者咸周民物分给之。而寰区虽远，直一如宗族乡党之祇课实修也。本在故也。户庭不出而四海望其恩，忠顺可移而群生食其福。试与验家邦之始，不诚见性功之已裕，其原与其为仁之本与？

盖立爱立敬之良，隐根于元善，则本之先已自有仁。

而近王近霸之效，蒸被于群伦，则本之外更难言道。

人可勿以当务为急乎哉！

题上下语势，相为钩连。混作一意者非，打成两橛者更非。文敲实击虚，斟酌尽善。而文情之豪迈、气象之雄浑，尤足与国初诸老抗席。惺夫。

子曰："道千乘之国：敬事而信，节用而爱人，使民以时。"

揭道国之要，治法悉原心法焉。

夫敬信节爱时使，必端本于主治者之心，而政乃备举也。

子故为道千乘者训曰：古圣王以一心纲纪庶务，而一二伯叔甥舅，莫不往敬用治。治以法，实治以心也。小其心而无怠无荒，实其心而勿三勿二，而清其心则侈肆忘焉，广其心则溪刻泯焉，约其心则烦苛亦化焉。

斯治道可约举已。

今夫上以绥猷于天子，下以锡福于苍生，则言治自国始。

而势可以霸即可王，地可以富亦可教，则言治又必自千乘之国始。

借令无以道之，而欲其事为帝王必为之事，其言为圣贤不易之言，而其理财用人恤民诸大政，均非三代下所能及，此岂易得之数哉？然而千古之心法，要有可于治国见之者。

盖制治清浊之原惟敬。敬事则钦承者天地之心，恪守者祖宗之法，慎思者朝野上下之利弊。道之而庶绩以熙。

而发号施令之本尤莫若信。信则不饰治平之迹，不欺愚贱之伦，不要结天下后世之闻望。道之而中孚以协。

至若九赋敛、九式均，用非节何以制度乎？为气数权盈虚，为大造惜物力，所贵制三十年之通。

而九两系、八柄驭，人不爱何以施仁乎？与辅我者同休戚，与戴我者共安危，所贵立亿万众之命。

由是而三人五人二人，择乎地。丰年中年无年，率乎天。时以使之，则重民命体民情，隐以宏敬信之用。裕民财恤民力，显以大节爱之施。道国不益备哉？

不必侈国势之强，要自见国本之正。奉行只此数大事，而骄泰化，而浮伪祛，积贮裕，而祥和洽，令人想文武成康之郅治焉。

且无事侈谋国之术，无往非经国之谟。观法遍于大小邦，而大猷升，而允塞昭，俭德著，而惠心协，可以正齐晋秦楚之权术焉。

抚有千乘者，亦本心法为治法焉可。

笔有炉锤，词无枝叶；苍然之色，渊然之光。惺夫。

礼之用，和为贵。先王之道斯为美

礼之美在和，用礼者当法先王矣。

夫用先王之礼，而不知和之足贵，是忘乎礼之所以美也。曷即其道而进求之。

且盈天地间皆道也，即皆礼也，即皆太和之气所流而播焉者也。本其和者致之而道著，亦本其和者用之而礼著久矣。夫礼之经纬，皆道之菁华。而千古之良法，一千古之美意为之也。

今天下竞言礼矣，宜无不知礼之美矣。抑思礼果何以称美于今日哉？盖礼之美昭于用，而礼之用贵于和。

礼根于性，而著信考义，一中和之所蕴。而流其当然者，其自然者也。用之而与当然者相准，不与自然者相符，何以综有撕有推有放之经，顺成焉而性无所戾。

礼管乎情，而去伪著诚，一至和之所形。而著其秩然者，其油然者也。用之而与秩然者相循，不与油然者相浃，何以举教敬教让教亲之典，曲赴焉而情无所乖。

斯所谓和也。礼之贵，贵以斯。礼之美，美以斯。此其道固不自今日始也。

昔先王知怀仁享德，不尽关俨恪之忧。故道所蟠际，不外礼之范围，要必以和顺积中者于礼发之。斯上以革旧俗之獉狉，下以泯群情之躁竞，而其美也有自增。

昔先王知动作威仪，各自妙从容之中。故礼所措施，皆其道之浑化，惟以礼至不争者于和验之。斯外克谐而事无所强，内无怨而情因以平，而其美也乃益备。

吾于斯而知天秩天叙之文，有非矫饰焉。试观童蒙甫明退让，而婉愉自露于仪容。椎鲁何解文章，而晋接亦娴乎揖逊，孰非和之动以天者乎？以天相遇而导其和于无形，即著其美于有形，遂不啻揖让于先王之世而悉昭天则也。则大道之弥纶，未有著于斯者也。

吾于斯而知人纪人纲之设，不可伪为焉。试观家修俎豆之仪，而顽梗之徒亦知雍睦。里举蜡腊之典，而嚣凌之族亦解挹谦，夫非和之感以人者乎？以人相感而制其礼于有定，即播其和于无定，遂不啻沐浴乎先王之泽而曲当人情也。则嘉美之留贻，亦未有备于斯者也。

盖至小大共由，而益知道之无不适于用也。

此节注意极细，解者辄谓体严而用和，真伧父也。体用原不相离，故礼为自然之理，其严处即是和处，非用礼者另做出一个"和"来。若将"和"字、"严"字对说，便毫厘千里矣。体会注意，独得"和"字真谛。而于先王二句，申赞语意，安顿得法，回抱有情。澄心渺虑中，气象却自浑成，亦文之得中和气者。惺夫。

有所不行，知和而和，不以礼节之，亦不可行也

行礼者仅知有和，亦未足与言礼矣。

盖未有以和行礼，而亦不可行者。特无如知和者，遂忘乎礼也，礼其尚可行耶？

且天下事行之而悉当其可者，此必非狃于一偏之见者也。狃于一偏，则刻意行之而失者，率意行之而亦失。自夫人矫乎刻意行之之弊，而循其自然，遂忘其本。然则其率意以行者，亦只益其弊焉而已。

夫礼何以行，惟和故可以行也。礼之和何以行，惟知礼之所以和，而礼遂无不可行也。于礼之中得和，仍于和之中见礼。礼之无不可行者，亦孰有如和者哉？而或且有所不行者，曷故？

大抵人有不容匿之情，和发于情，而礼必以和行。礼管乎情，而和仍以礼行。其行也，非妄为行也。而偶不行焉，则必有荡其情之本者矣。

人有不容戾之气，和以舒其气，而礼必借和行。礼以摄其气，而和仍载礼行。其行也，非漫为行也。而竟不行焉，则必有溃其气之防者矣。

何也？何固自有其节也？则亦安有不以礼节之，而和尚可行者？

然而知和而和者，且自谓和之可行矣。彼诚见和之动以天者，未尝稍拂其天，而任其天以行之，遂紊其节而不觉。是和以畅其天而天全，亦和以任其天而天汩也。则和而流也。

且谓不以礼而和，亦无不可行矣。彼初不知和之根于性者，原非过纵其性，而率其性以行，遂逾其节而不顾。是和以适其性而性正，亦和以率其性而性漓也。则礼以悖也。

吾于是知和之有所阻焉。礼之与和相丽者，原有推行皆准之势，即未行焉而势已可通。至不以礼，则尚安可通也。友朋任狎昵之私，而以摄威仪则见过。妇子极嘻嗃之乐，而以正内外则多怼。推之偶尔周旋，而搏节皆疏，则我躬之筋骸肌肤，皆荡佚焉而绝无守气。势之可行者，和实有以阻之。孰若不违，其节者之动容皆中欤！

即以知和之有所妨焉。和之与礼相维者，原有并行不悖之机，故方行焉而其机自顺。至不以礼，则尚安能顺也。冠裳之地有惰容，则上无不佻之则。名教之中多放诞，则下无可象之仪。推之一时嚬笑，而制节偶失，则异端之轻世肆志，皆借口焉以废夫准绳。机之可行者，和反有以妨之。孰若受之，以节者之德隅是饬欤！

至于不可行，则礼诚不可废矣。行礼者审之。

　　杜和之流弊，正以清礼之本原。处处力争上游，将礼中之和作衬垫，乃知本节徒"和"一层，即从上节"和"字翻身说入。上下呼吸相通，只是要人识得"和"字真际也。理解洞然，文心肃穆。任是淡妆浓抹，纸上都无墨痕。黄东篱师。

子曰："《诗》三百，一言以蔽之，曰'思无邪'。"

以无邪征诗教，一言可括其全矣。

夫《诗》之言思不一，而求归于无邪则一也。子故即《駉》篇一言，以括《诗》教之全与。

且古今之人品学术，所由弗纳于邪者，亦诚之于思而已。先王知思之大可用，故必举前人之言思者，历陈其善败，以待后人之集思者，默致其纠虔。其旨约，其义赅，而其功用乃毕著于性情自为之地。

子曰：今天下之言《诗》者，非失之愚，则失之固耳。抑知《诗》果何为而作哉？

《诗》未作以前，天下只共适其性情之正，故虞廷以《诗》言志，即隐原乎直温宽栗，而于歌咏畅其天，则相绳于隐微者切。

《诗》既亡以后，天下又共溃乎性情之防，故古人赋《诗》断章，或杂举乎正变贞淫，而未于篇什窥其要，则其相勘于内念者疏。

夫《诗》因思而作，而思以正为归。至哉！《駉》篇之言思无邪者乎？思之闲非即《诗》之要乎？吾举一言，吾知三百矣。

方思之未涉于邪也，其善机犹郁勃于方寸，而或虑其蒙，而《诗》即以无邪者利导之。忠臣孝子之讴歌，千载如闻感喟，而绅绎者恍然见心理之同。此意岂得泥章句以相求哉？吾不解先王作《诗》，何善为千万人之心思示其则，而潜移默夺，俾得博采乎三百以潜其所思。复得约要乎一言以汇其所思也，则闲邪之意，可微参也。

方思之偶即于邪也，其逸志犹潜伏于渊衷，而莫之能遏，而《诗》即以无邪者力制之。风俗人情之流荡，列国各有讥评，而泛

览者凛然深名教之惧。此旨岂容执文辞以求合哉？吾不解先王作
《诗》，何预为千万世之心思立其防，而微词婉讽，俾得隐持一言
以证乎思之同。复得备举三百以尽乎思之变也，则闲邪之旨，可
深求也。

盖克念此思，罔念亦此思。惟以力绝乎邪者，先清其心学之
源，而后能于天之与我者立其大。

兴观此思，群怨亦此思。惟以不蹈于邪者，兼收乎诗教之益，
而后能于心之所感者正其趋。

《诗》之可以一言蔽者如此，读《诗》者尚求其要哉！

以无邪之思读《诗》一层，于读《诗》得无邪之思一层，
总归入《诗》教使人无邪上。反覆推勘，深切著明。而文心
之肃穆，文格之浑坚，尤见先正典型。九溪阮学易。

道之以德，齐之以礼

探为治之本，则德礼其要矣。

夫上自修其德，尽其礼耳。而所以道之齐之者，不外此。可徒恃政刑哉？

且自穆考布睢麟之化，而周德昭。元公订经曲之文，而周礼定。其时政行于四方，刑措至数世，夫岂徒因仍夫民已哉？盖欲正俗先正心，欲律人先律己。隐之，懋日新之学。显之，修天秩之经。而推之，即出政明刑之本。知此可与道之齐之者审所以矣。

皇初未闻政典，自峻德首称唐帝，始以传心为纪事之书。则与天下见以心，要必先有不疚于心者，天下始不得疑我之伪，斯懋敬当严也。

上古亦有虐刑，自庸礼载在皋谟，始以弼教励协中之职。则为天下善其则，要必有不过其则者，天下乃不得议我之苛，是范围宜豫也。

而谓道之可不以德乎？齐之可不以礼乎？

且夫预存一化道斯世之心，而始言敬德，非德也。德固上所自得也。

预挟一整齐斯世之意，而始与议礼，非礼也。礼固上所自履也。

然使谓自得之遂，莫由共得之。自履之遂，莫由共履之。势必开在上者悖德悖礼之端，而德化日以衰，而礼防日以坏，此三代下敝政繁刑所由作也。而吾乃思以德以礼者。

象魏未悬以前，泊然不见有张弛之迹，而一念与帝天相质。觉德之纯，人共见之。德之累，人亦共见之。则不必矜言道而道之者，固即此亦保亦临之实也。夫德亦言乎其固有者耳。与天下涂饰其耳目，曷若与天下默证其性情。诚使咸有者德惟一，而即以德宅师。又用者德惟三，而即以德建极。即至颁一书发一令，罔非驭朽临渊之至意。所载而行，是政之布诸优优者，皆德之成于亹亹者也。斯何如之励翼也哉！

德威未著之始，恻然惟凛以钦恤之情，而一已建天地之中。觉礼之本，人共喻之。礼之文，人亦共喻之。则不必强为齐而齐之者，固即此有顺有撕之则也。夫礼亦期立于无过焉已耳。待天下以不肖而使之畏，曷若措天下于至正而与之宜。诚使知礼不可易，而即以礼管人情。知礼不容已，而即以礼协人义。就令诘奸慝示威严，胥此恭敬退让之成规。所约而守，则期以无刑之刑者，实相防夫非礼之礼者也。斯何如之匡直也哉！

由是而耻让兴，风俗茂，盖莫不延颈举踵以观教化之行也。

朱子谓政刑不可偏废，乃德礼中之政刑也。处处从上勘入，"德""礼"字愈诠得真，"道""齐"字亦愈看得细。文情英迈，气息深醇，其得力不自时文中来。受业赵笃恂识。

孟懿子问孝，子曰："无违。"樊迟御，子告之曰："孟孙问孝于我，我对曰'无违'。"

以无违对问孝者，覆述之而情深矣！

夫孝固可以无违赅之，而孟孙或未喻其旨也，子能勿转为樊迟告欤？

且以至德要道而求诸圣人，本不烦言而解者也。特恐闻言者以不解解之，而其言转晦，故有同此一言。而前日言之，觉意尽于言中。异日述之，觉意余于言外。则大圣人无隐之衷，即欲不更索解人不得也。

不然，及门问孝者屡矣，夫子之以孝对者，亦至不一矣。从前之谘访，皆可过而不留。当境之提撕，焉有言不尽意。夫岂于懿子之问，而独有异乎哉？乃子之告懿子，又不仅为懿子告者，何也？则以当日之言孝，固仅以无违概之也。今夫无违之说，子岂无所为而言之哉？

孝为顺德，而去顺而效逆，则天性易漓。其违焉者，必其忍于违者也。动之以不忍，而人子之心乃各得其安。得其安，即所谓孝矣。

孝有本图，而变本而加厉，则人心易肆。其违焉者，必其敢于违者也。儆之以不敢，而人子之心乃有以自尽。能自尽，即所谓孝矣。

斯时也，在夫子固明明有一违焉者，为懿子显垂为戒。特不知懿子所见为违，即夫子所见为违否也。夫违之而或成亲过，违之而或拂亲心，其所违必有辨矣。而卒未辨也，吾恐言违而莫得其主名，将以不违者为违，而又以违为孝也。而懿子无言也。

且夫子又明明有其无违者，为懿子确示之程。特不知懿子所信为无违者，即夫子所信为无违否也。夫无违而或出于有所限，无违而或失于有所徇，其无违亦有分矣。而尚未分也，吾恐无违而只得其近似，将以违为不违，而又以不违为不孝也。而懿子亦无言也。

子能不因樊迟之御而转相告耶？

大抵学者之心，每因疑而成误。言孝而不剖其疑，安知不成其误耶？借御者而发之，觉向于无违之对无溢辞，而今于无违之对有余想。

学者之心，贵守约而求详。言孝而既约其旨，孟孙其遂得其详耶？仍所对而述之，觉告孟孙者已成为笃论，而告樊迟者别有其深情。

然则因同堂之欲辨忘言，至他日而相提并论，孟孙之赖有樊迟也。

而执策而服弟子之劳，遂负剑而受先生之命，又樊迟之赖有孟孙也。

及夫子进论之，吾尤望迟为孟孙告矣！

扼定两"无违"，却妙能击中间而使首尾皆应。疏密得宜，情文并茂。紫峰。

学而不思则罔，思而不学则殆

学与思宜兼尽，偏废者均受其弊矣。

夫人患不学不思，亦患徒学徒思也。知罔与殆之弊，功可勿兼尽哉？

且天下之理，固宜合心与力而进而注之者也。力之所至而心亦至，斯心能运于至灵。心之所存而力亦存，斯力能归于至实。否则专任夫力而力穷，专任乎心而心亦窒。而心无研说之真机者，力亦无据依之真境也已。

今天下岂有不欲破其愚祛其蔽，而自安于罔者而竟罔焉？人必曰此不学之故。学焉而诗书礼乐时疏，瀹其性灵。名物象数日窥，寻其突奥，乌乎罔！讵知不学而虞其罔者，徒学而适以得罔乎？学亦安可废思乎？学综其粗，思能抶其精。学赅其表，思能窥其里。学见其显，思能析其微。夫心以巽而善入，则有亹亹而达者矣。心以引而愈出，则有汩汩乎来者矣。思以求通，思乃无乎不通。不然者，役耳目之官，涉猎者仅拾诗书之糟粕。旷灵明之府，浮游者莫窥义蕴之精深。吾不解人各有实力，而此专任夫力者何以茫茫焉致力之无从也，则罔甚也。又况恃学以废思，而不求诸心。又将废思而兼废学，而并驰其力。弊在罔必有不止于罔者，则何如慎思者之明，无不烛也哉！

今天下岂有不欲居之安履之泰，而自即于殆者而竟殆焉？人必曰此不思之故。思之而天君得主，百体自无不从。真宰未凂，万物皆有所托，乌乎殆！讵知不思而虞其殆者，徒思而亦失之殆乎？思亦何可废学乎？思涉于虚，学乃征诸实。思得其似，学乃见其真。思引其途，学乃造其境。夫力以专致而成，则恢恢乎有余地矣。力以兼综而尽，则绰绰乎有余裕矣。学期有得，学乃无不自得。不然者，怠圣贤之修，恃冥悟者意迷而愈误。冀鬼神之告，守虚寂者神散而无归。吾不解人自有实心，而此专任夫心者何以炎炎焉游心于无据也，则殆甚也。又况因思废学，而舍力以营心。久且废学，而并废思而冥心以任力。失在殆又有不止于殆者，则何如力学者之功，无不纯也哉！

愿以告天下之学且思者。

于思学相关道理，洞见其所以然，故反面正面俱发得如许透彻。渣滓去而清光来，一切肤阔之语、嚣张之气，何从绕其笔端。紫峰。

举直错诸枉，则民服

民有由服在公，其举与错而已。

夫民谁得强之服者。然使直者举，枉者错，民情不大可见哉？

且人主操驭民之权，将以一人隐摄乎千万人之心也，实则合千万人以默勘乎一人之心。上之人以一心之喜怒为赏罚，下之人即以众心之喜怒定是非。至是非定，赏罚正，而喜怒平，而一人之心始足隐摄乎千万人之心，而罔敢越。

然则民岂易言服哉？今夫一国之民，不外枉与直两途。而有国者之治民，亦不外举与错两事。乃有不易民而民自莫不服焉者，何也？

万众之趋于伪也，而有人焉毅然存三代之遗风，民之直者悦之，即不直者亦畏惮之也。而秉彝有懿好，遂望以在位在职之荣。

公道之未尽泯也，而有人焉悍然任百为之狡诈，民之不枉者恶之，即民之枉者亦猜忌之也。而愤激本性真，遂咸冀有移遂移郊之典。

是民非服于举错也，谓是宜举宜错之各有人也。乃臣尝观爵人众共、刑人众弃之朝，其先亦岂无枉者谬托于直而民咸信之？岂无直者诬以为枉而民若忘之？迄一旦圣天子命讨予夺，坦然示天下以至正，廓然示天下以至公，而薄海内外，鼓舞欢欣，罔敢有越厥志。夫荣人不过爵禄，戮人不过兵刑。与民何与，而遂心悦诚服若是哉？

盖箕毕风雨之好，不容曲徇。宽以容之非宽，刻以绳之非刻，谓吾自有举错之正，固不必以非道干也。一日者，饰喜饰怒之故，适惬乎曹好曹恶之情，而民乃感叹不忘矣。人君惟公正无私，差堪不愧耳。弓旌铁钺，胥足慰中外之听瞻，而何待预冀其诚服也哉？

畏神服教之隐，不可迫求。进一秩而闻之者荣，画一象而见之者愧，谓吾只循举错之公，初未尝以私心与也。一日者，一薰一莸之类，适当乎三襫三锡之条，而民乃感戴惟深矣。人君惟黜陟幽明，务期共慰耳。巷伯缁衣，众著于编氓之寤寐，而何事迫求其屈服也哉？

反是，而欲民之服也，盖难矣。

只从是非之正，力争上游。一切门面语，乃俱扫除个尽乎，正通达之文。少青。

林放问礼之本。子曰："大哉问！"

问礼而探其本，所见大矣。

夫言礼于春秋，谁是知其本者。林放问之，夫子大之，而本之说乃不没于天下。

尝思化必有自起，制必有由昉，凡事类然，而礼其重焉者也。自习礼者增华逐末，而古圣王创制之精意以淹。苟有能系怀盛典，概想先型，综核乎经纬之原，而俯仰于古今之异者，其识见诚倜乎远也。

今夫礼之兴也，非能自为兴也，赖圣君贤相端其始以正其趋。

其失也，非可任其失也，赖贤人君子清其源以救其弊。

春秋时，去庸礼之世远矣，即上溯元公制礼之初，亦邈难复识矣。屑屑者习仪以急，汶汶者数典而忘。其习日陋，其见日卑，虽有知礼之圣出其间，亦不能执流俗而告之。则礼之流失败坏，将何极哉？而幸也有林放之问在。

大抵论事务从其朔。推其朔，则运会之升降可以权。如水之溯源，而流派无或混淆焉。

考制必絜其纲。得其纲，则繁缛之纷更不能掩。如木之拊干，而枝叶无容错杂焉。

所谓本也，所谓大也，放何独有见于此。夫子能勿因问，而慨乎有怀也哉？

变本者，群加厉矣。而创制之君，其精神常自行于数十世之中。放也立孙子之朝，系怀宗祖，谓夫礼之始必大异目前景象也。是岂犹是随俗波靡之见哉？风会迁而儒者尚论之心，不忍与俱迁。经国家，定社稷，序民人，皆得以一本维之，此问之利赖一时者也。

忘本者，群骛末矣。而神灵之后，其盛德足范围乎亿万年以后。放也当晚近之世，想见黄虞，谓夫礼之制必迥殊末俗遗风也。是岂犹是与世浮沉之见哉？时趋异而儒者好古之思，不忍听其异。别亲疏，辨同异，明是非，皆得以一本该之，此问之独有千古者也。

夫以春秋之礼制流失败坏，犹能使万世后知有本之说者，非放而何？子于泰山之旅，犹念及之，则放亦人杰也哉！

惟其所问在本，故云所见者大。题意本直截，不须更作回环；题义本恢宏，不须更作推拓也。眼光独到，体貌相称。心斋。

苟志于仁矣，无恶也

仁即志而存，事可决其无恶矣。

夫恶与仁，不两立者也。既志于仁，不可决其无恶哉？

且吾心固有者仁，吾心本无者恶。自人之心不能壹与仁相赴，于是仁之固有者，亦如未有。恶之本无者，不能尽无。恶与仁交战于心，遂显形于事。而仁转难与恶争胜，非果难胜也，抑我之授权于仁者，犹未决也。

夫吾之心固有全于天者，天而或间以人，斯天机日汩。惺其心以与仁相向，则见心无非见天焉。即未必遽全乎天而已，无虑也，有入而主之者也。

吾之心自有纯乎理者，理而或乘以欲，斯理境日封。殚其心以与仁相图，则心存无非理存焉。即由是渐纯乎理而已，无难也，有专而注之者也。

其仁也，即其志也。顾犹有以事之恶为虑者。

谓人之志患其昏。昏则恶之柔者得以缘而入，安必恶与仁不并域而居也。吾矢一念以求仁，复分一念以祛恶，恶之伺吾仁者，随事而窃发，将益扰吾志而使之昏。

谓人之志虞其惰。惰则恶之刚者得以起而攻，安保恶与仁不分端而见也。不能借仁以远恶，势将徇恶以去仁，仁之累于恶者，即事而纷呈，尤易丧吾志以成其惰。

然此，特非真能志焉耳，非真能志于仁焉耳。

苟其志之，则以辨志者审幾一念，已足与百为相制。非僻之情易肆，而志之清明者能烛于幾先。邪慝之举纷乘，而志之坚确者并防于事后。以仁责志，志之内无一隙与恶兼容。以志求仁，仁之外并无一事与恶相际也。吾见战胜之念专，即锢蔽有因而立破者矣。洗心之功切，即微暧有不容或滓者矣。尚何有于不善之动也哉？

　　苟其志之，则以立志者励行一诚，自足与万境相维。仁与恶易相蒙，而志之有主者能近仁即能远恶。仁与恶本相绝，而志之无穷者能易恶尚恐远仁。以志居仁，而安土之敦可由无恶毕其力。以仁策志，而天心之复早以无恶立其基也。吾见豪杰奋发有为，其警惕有过于中材者矣。下学立心伊始，其检防有严于师保者矣。岂犹虑其背道而驰也哉？

　　为仁者，亦惟自励其志焉可耳。

　　"志"字浅深对勘，"仁"字、"恶"字反正并透。思锐能入，笔锐能出。难其精深刻挚中，却有一种冲和之气流溢于楮墨之间。惺夫。

富与贵是人之所欲也，不以其道得之，不处也；贫与贱是人之所恶也，不以其道得之，不去也

取舍之辨明，处境者自不徇情矣。

夫仅知有富贵贫贱，将所欲即处之，所恶即去之矣。此不处不去，所由必严其辨与。

且天下无定者境也，而有定者心。顾以境之顺逆，为心之顺逆，将境无定而心亦即与为无定。惟能超乎境之外者，随境而自验其情，即乎情以兼权乎境。故无论境所应受与境所不应受者，皆得举是非可否而决于一心。

不然，盈斯世者皆富贵贫贱中人也，而何以不得尽目为富贵贫贱中人也。且人之各储其情者，皆欲富贵恶贫贱中人也，而何以不得尽目为欲恶中人也。是岂处富贵贫贱之果有异情欤？夫亦先辨于所处所去而已。且夫处与去之足以役心也，岂细故哉？

将谓心可与境忘，则行富贵而处何容心，行贫贱而去何容心。而无如所欲所恶者，已先境而为之待，则陷溺之私易起也。

将谓境不为心累，则遇富贵而欲固其所，遇贫贱而恶亦其所。而无如或处或去者，已当境而溃其防，则弃取之介难坚也。

而顾有欲富贵犹人，恶贫贱犹人，其得之不以道也。亦犹人而竟不处不去者，则何以故？

盖心定于未与境际之先，内力充则外缘难夺。而凡能厚我能困我者，自退听而无权。

心精于方与境际之始，明辨晰则嗜欲难蒙。而凡不能淫不能移者，自当前而立决。

不以其道则不处，不以其道则不去，此岂犹以欲恶为转移者哉？

是故得富贵得贫贱者之必准诸道也，是不与欲恶谋者也。乃制所欲而心若凛然，平所恶而心愈安然，谁使处与去之，不逾其闲哉？境不一境，而心只一心。是欲与恶之源清，而所以处富贵贫贱之源已无不清也。不处不去，有廓如焉耳。

欲富贵恶贫贱者之适值其得也，是即道所由判者也。乃或不以道而惶然惧，或不以道而淡然忘，谁欲处与去之，各祛其累哉？境自纷心，而心能驭境。将富贵贫贱之缘静，而欲恶之缘已先能静也。不处不去，有裕如焉耳。

是盖君子为仁之始事也。失此则去仁矣，可勿慎哉？

此节是义利关头便有"仁"字意在。故次节突接为上下关纽文，处处含得"仁"字。将"不处""不去"当下还个实地，仍留末节地步，作不了语。一气卷舒，理解透彻，此浏漓浑脱之候。蕊岩陈嘉琳。

君子之于天下也，无适也，无莫也，义之与比

君子有精义之学，而适与莫两忘焉。

夫以适莫待天下，事鲜合其宜矣。君子无之，而精义之学著。

且天下事不容以无心任之，尤不容以成心待之。使待以成心，则可不可之事势未形，而为不为之意见先定。将心与事悬而无薄，遂无以权万事而酌其宜，则亦孰有可经可权可常可变可以成天下之务、定天下之业如君子者哉？

夫君子亦惟知有义而已矣。

天下艰巨之境，庸人闲而君子亨，欲胜不如义胜也。有万幾是惕之心而刚愎化，有百折不回之气而巽懦消，则权度之精切不爽矣。

天下繁赜之途，众人劳而君子逸，喻利不如喻义也。以刚方决大疑而非任情，以迟回定大计而非畏事，则是非之审量有真矣。

且夫世之不能务义者有二。

其一以烦剧为必可理，以重远为必可胜，以豪杰之功名为必可立，其气矜，其进锐，无论事理之为可为否，而才华自炫。只谓古今无悠游怠忽之功能，则悖义而成，为适者有之。

其一以措注为不易周，以经纶为不易建，以圣贤之德业为不易成，其志靡，其事隳，无论幾务之可止可行，而退葸性成。直阻宇内以慷慨激昂之气志，则见义而形，为莫者有之。

是尚能与义相赴哉？而吾乃穆然于君子之于天下也，绰然有余裕也，亦确然有定见也。无适也，无莫也，是真喻义而以义胜者也。

一成不易者义也，而万变不穷者亦义。以集义者为经纬，而成败得失悉听之，时数之适然，则其识定矣。古君子鼓风雷之勇，

仓猝可定讦谟。坚金石之心，深沉以图伟烈。宥密中浑忘偏陂，敢以适莫持己见哉？千古不朽之谟猷，决以一人不移之志节，斯诚义立而时措咸宜者已。

处一事而有制者义也，济万事而各当者亦义。以由义者大敷施，而刚正严明随在，见化裁之妙用，则其力定矣。古君子谟谋由学术而成，非激烈亦非委靡。经济根性天而达，泯坚僻亦泯游移。酝酿中自有主持，敢以适莫增私意哉？一代恢宏之伟绩，酌以寸心因应之定衡，斯诚和义而推行尽利者已。

则以为义之与比而已，处事者尚师君子哉！

题首句含下三句，中二句亦趋重末句，故必一气赶出，拢定比义作把鼻，方得此题正旨。精心结撰，大气盘旋，卓然立极之文。雨耕刘曾钧。

夫子之道，忠恕而已矣

以忠恕明道，道无事他求矣。

夫不知忠恕为道，而道歧矣。曾子切指之，一贯之旨乃益著。

且盈天下皆道也。而道之体，于真实无妄之，天裕之。道之用，于推行閎间之，地征之。宰万事于一心而无弗备，道所为积而流。普一心于万事而无弗周，道所为博而约。圣凡无二心，古今亦无二道，知此可与求一贯于夫子。

不然，道至大矣，言道于夫子，道愈广矣备矣。学者方不能遍观尽识，而夫子以一贯该之，果何道哉？

天下形相际之区，实理相际之区。理各足而因应无心，形自不能隔阂。以一理条贯乎千万事之理，存中发外，道无待泛求也。

天下物相见之会，即心相见之会。心无伪而推行有准，物自无有纷歧。以一心流贯乎千万众之心，设诚致行，道无容旁骛也。

此无他，有忠为恕之主宰，而道在。有恕为忠所推行，而道无乎不在。且夫不息者一元，各正者万物。道先天地立，忠恕所为胚胎于太极也。心普万物而无心，情顺万事而无情。道自圣神全，忠恕所以充周于伦类也。下学既未遑语此，唯是推诚相与，称物平施，亦何足与言夫子之道？然通于穆之原，存以真不存以伪。致有诚之曲，见以天不见以人。尽己而己将无弗尽矣，推己而己将无弗推矣。夫道一而已矣。

未与道合以前，心参以伪而道离，心域于偏而道益离。夫子反证诸不杂之原，则推而布者，皆道之绝无偏系者也。忠以管乎恕，恕行而忠与俱行。矩因乎心，而后可以絜天下之矩。情根于性，而后可以类天下之情。道固中而庸者矣。二三子尚其于渊衷勘之。

既与道合以后，心载以浑融而道备，心游于广大而道愈备。夫子显示以不贰之体，则举而措者，皆道之绝无町畦者也。恕以运乎忠，忠见而恕无弗见。一念时存公溥，而后天下有事功。念念悉协中和，而后天下有好恶。道固大而正者矣。二三子不必循万化求之。

若此者，无为为之而道协于自然，有为为之而道循其当然。一本可以万殊也，万殊仍归一本也。而又何疑于夫子之道哉？

忠恕是学者分上事。以学者之忠恕，证圣道之一贯。道理原上下俱彻，语意须浅深分明。萃儒先之精华，发圣学之渊奥。文之醇乎醇者也。尹臣张国达。

见贤思齐焉，见不贤而内自省也

即贤不贤以自审，而所见不虚矣。

夫人之所见，非贤即不贤也。一思齐，一内省，抑何不虚所见哉？

且为学者之心，一如不及，犹恐失之心也。顾冀其及，而未定其必及之程。防其失，而不明夫所失之故。则虽举天下之已及者与已失者毕著于目前，而其心究漠然而无所动。吾恶乎救之，则必以所见者救之，且即以所见之贤不贤救之。

今夫好贤恶不贤者，其情而情易移，则终难自主。至有所好而幸适见之，有所恶而不愿见之，犹情之发于最初者也，其迫露于乍见时者可思也。

亲贤远不贤者，其势而势难遂，则每至中违。或欲亲之而仅若不克见焉，欲违之而又忽于习见焉，正势之介在依违者也，则决择于既见后者宜慎也。

如有贤在而比类以观，我尚偶乎其莫能齐焉，可勿思哉？

有不贤在而反以相勘，我亦歉然其疚于内焉，可勿省哉？

夫下学上达之路，贤非据以自私，使见有孤诣而弗思其艰，见有法言而弗思其慎。因循既久已，无可自励之功修，则不得以资禀之不齐咎乎天，以造就之不齐诿诸人，实当以诣力之不齐责诸己也，而安得不奋其志以相赴。

下流众恶之归，不贤方迷于所往，使见有非幾而弗省于括，见有微眚而弗省其私。锢蔽既深已，自绝其清明之志气，则不得谓内美犹可自饰，内愧犹可自欺，实则内照之不容自恕也，而安得不殚其虑以自绳。

且贤不贤只此两途，当企而及，当惩而戒，见之者似亦仅知其粗迹。乃一穆乎有思，而贤已导我先路焉。一惶然自省，而不贤已垂为炯鉴焉。若人之是非邪正，皆与吾心课修悖之几，其触于灼见者，皆其凛于未见者也。此何如之纠虔也哉！

思与省亦非两念，志与俱伸，神与俱敛，见之者亦惟默证以私心。乃一见贤而尚虑戒不贤者，未遑深省焉。见不贤而已虑欲齐贤者，犹有致思焉。寸衷之惕厉忧勤，直若触目有圣狂之界，其图于不见者，皆其征于确见者也。此何如之恳至也哉！

而如不及而犹恐失者，乃愈形凛凛矣。

思齐内省，发得透切。只就见贤见不贤，便觉圣贤切己工夫，全身俱露。文有内心，题无余蕴。惺夫。

子曰："父母在，不远游。游必有方。"

以亲心为心者，无敢轻言游矣。

夫远游非所以慰亲心，况游而不必有方乎？亲在者尚其戒之。

且子之侈壮游者，亲或曲为解之。而亲之念远别者，子反不能曲为谅之，亦安所得克慰亲心之一日乎？抑知不忍言别之日，可慰其心于一堂。即不能不别之日，仍必慰其心于异地。而此心之刻不忘亲者，乃愈无时可释矣。

子曰：今天下孰不幸父母之逮存，而竞言游哉？

特是情必近习而始真。一言游，而子之愿酬于亲者，尚需诸异日。亲之迫待于子者，已缺于目前。则亲心有未安，而飘然长往者心又何由安也。

望以睽离而更切。一言游，而亲所未至，尚为子代计其程。子所已至，不为亲明言其境。纵子心能恝置，而殷然悬望者心究何能恝置也。

游而远，远而不必有其方，彼游者独不一念父母之在乎哉？

夫未能游而务期远到，既能游而又患远离，父母恒为游者虑，不知游者正因父母之在，而虑更深也。道途中阅一日之星霜，即寝膳间少一时之定省。敢以爱日之忧，付诸悠悠行路乎？鞅掌之劳有时已，倚闾之望何时释。就令势难中止，独何可令父母意想之山川，较人子身历之山川，而更觉殷遥也。则必示以一定之程，以明不远即复焉尔。

不远而就养难必，无方一游而色笑又虞远隔，游者辄为父母忧，不知父母即安然在堂，而忧正切也。在膝前或惧其晏安，在行役又伤其况瘁。畴以爱子之隐，白诸靡靡行迈乎？明发之怀能自撼，犹来之望难自主。就令事在必行，究何可令父母承欢之日月，为人子征迈之日月，而任其轻掷也。亦必告以征夫之迩，不同远莫致之焉尔。

是非以不远为游者戒，转以有方为远者宽也。但以不敢他适者明吾万不得已之故，而后知鸡豚菽水较钟鼎而尤惬欢心。则不游而庭帏之聚顺方长，必游而屺岵之望瞻何极。

又非谓不远既未可言游，而有方并不计其远也。但以相依左右者明吾刻不忍离之情，即极之雨雪山川较寝门而倍深依恋。则与其有方而苞栩并无启居之暇，何如不远而陔兰祇申孝养之忱。

游必有方，始终一不远游之心而已，乌可一日忘亲哉？

无一语不从至性至情流出，埽尽浮言，独标隽旨，题义十分透彻。欧阳坦斋师。

语语能传出父母之心，正语语要动得游子之心。以上二句作主，末一句仍缴足正意。结构谨严，情词悱恻。惺夫。

古者言之不出，耻躬之不逮也

推古人慎言之心，其责躬者切矣。

夫谁是不轻出其言者，惟念躬之不逮而耻生焉。言顾可苟乎哉？

且吾人有不容已于躬者，而后不容已于言。是见诸言与措诸躬，本两事也。惟合而注之于一念，则欲言者显为躬立其程，而反躬者又难以言塞其责。躬有不容已，而言自不容不已焉。斯愧励为独深已。

不然，古人之以言传者，皆其躬有足传者也。而顾不欲以言见者，何哉？

将举省厥躬者以为言，则整躬者其常，而发言者其暂。顾言为虚境，暂者犹难自诬。而躬有实修，常者曷由自慊也。是尤悔互相乘也。

将举积厥躬者以为言，则立言者犹后，而提躬者贵先。顾言若不怍，先已溃其躬之防。而躬有未修，后谁执其言之咎也。是坊表均未立也。

彼轻出其言者，特未知言之必逮耳，亦未知不逮之足耻焉耳。

夫气志浮即易靡，言未出而无静气以摄之，斯言既出而愈无精气以充之，耻则能激其气焉。未逮而气实形其歉，欲出而气奚取其盈。盈与歉两相较，而愧奋以生，则平其气而已觉凛凛也，而言乃悉勘诸当躬矣。

心易怠亦易矜，言将出而无小心以闲之，斯言未逮而又轻心以掉之，耻则先励其心焉。出之易而心以放而疏，逮之难而心以危而密。密与疏两难假，而自惭无地，斯闲其心而不胜兢兢也，而躬乃预策于未言矣。

然则姑缓其言，以徐俟乎躬之逮，其责躬已宽也。古之人固有即耻而即欲逮者，躬尝励其不足，斯言自防其有余。纵言之逮尚可为后图，而躬之耻已迫于当境也。虑其出而言，因耻而切。实责其逮，而耻即躬而存。此何如之缜密哉！

既弛其躬，而始悔乎言之出，其慎言已晚也。古之人固有能逮而尚不欲出者，惟有必逮者迫责于身心，愈有难出者隐悬于辅颊。是轻出即为不逮之征，而不逮又别无远耻之术也。以耻防言，而出之数愈少。即以耻励躬，而逮之境愈艰。此何如之惕励哉！

人亦惟师古者，以为言行之则也可。

题若呆看不出，只做得个耻其言模样，不知古人用心，看是慎言，实是策躬。以躬有不逮，即竟不出其言，无益也。觑定此旨，反覆推勘，使上下句呼吸灵通，"耻"字精神，乃愈透露。钝根人未易领取。少青。

君子哉若人！鲁无君子者，斯焉取斯

德必有由成，圣人为取于人者幸焉。

夫欲为君子而无所取，则难耳。如子贱者，不已取诸鲁之君子乎？而何患其难乎？

且人必常存不自弃之心，而后不为人所弃，而人亦不为吾所弃。夫所谓不自弃者，要恃有交修罔弃之人，为我心所实获。斯观摩久而学问深焉，从来砺名砥行之儒，固未有自伍于庸流而能有成者也。

吾尝深信夫天下之大，无地无君子。而又隐窥乎君子之心，必有不忍独为君子者。而无如人之不能取，何也？兹何幸得若人哉！

今夫量以无所容而易隘，而若人虚怀善受，必兼综夫众君子而取其盈。则转叹造物生才，其能裨益我者诚无尽也。

志以无所激而不伸，而若人发愤自雄，必力求夫真君子而取之刻。则又幸斯道未坠，其足策励我者大有人也。

君子哉！吾盖不图若人之已至于斯也，吾又深快乎若人之不虚所取也。借令若人不生于鲁，不得众君子以待其穷求。借令若人虽生于鲁，仍不得真君子以供其延访。而又复矜其气，恃其才，嘐嘐然诩其独为君子，若横视一世，虚无人焉，即欲随所取而裕如也。亦焉得哉！亦焉得哉！

且君子之可取，固不仅鲁所独有者也。泮林讲学以还，小大从公，久已莫寻其遗泽。设欲取于斯而竟无君子焉，鲁其何以谢若人乎？而幸也，先正之步趋已早为若人导也。世有愿为君子者，倘漫谓风流歇绝，未有典型，则彼父事兄事友事者，何不闻借材于异地耶？是知人不自绝于君子，而君子已若先为待也。吾愿取于斯者，概作鲁观焉可也。

且亦非若人所私有者也。单父鸣琴以后，一行作吏，亦几自赏其孤芳。设有君子而竟不知取焉，若人不深负鲁乎？而幸也，英才之宏奖已先自鲁开也。人苟尽如若人焉，凡诸声气之应求，无非诱掖，则彼三人五人十一人者，又岂能专归于吾党耶？是知人不让美于若人，而君子益将乐为招也。吾尤愿取于斯者，共与若人友焉可也。

借非若人，又谁是信天下之尚多君子哉？

含英咀华，自饶俊逸清新之致。袁岘冈师。

于上截见子贱之能取众人所同，于下截见君子有无，在取不取上讨分晓。此文所独，识解高人百倍，思议入木三分。读之，但觉混茫大气中，变化自然，千汇万状。惺夫。

我不欲人之加诸我也，吾亦欲无加诸人

欲泯人我之见者，因自验于所加焉。

夫加诸我不欲，而欲加诸人者，常情也。子贡所言，不已化乎人我之见哉？

且天下同此情，而用情往往过当者，不得为情咎也。人之情自平，自以不平者感之，因以不平者应之，情与情遂难以相协。善用情者，不恃情之无不平，而恃有情之不平者，即可以为平情之准。则揆众情以用吾情，而情亦庶乎平焉。

今夫人各有所不欲，而难禁其互相加也，则岂非人我之见歧之哉？

有生之初，我与人共此性。不隔于性，即不隔于形，有两相忘焉耳。乃形欲相忘，而性偏相拂，固无难率我之性以责人。

有生以后，人与我各一心。莫逆于心，因莫逆于迹，有交相得焉耳。乃迹似相得，而心已相猜，又当先度人之心以律我。

使人加于我而不欲，而我亦漫然加之。咎在人乎？咎在我乎？抑岂必互相加而无可以已乎？赐愿无之。

姑无论人之加诸我，亦明知我之不欲否也，第反诸我，而既耿耿不能自释矣。使明知之而不能惩其失，而又欲效之，亦何其不自克也。况我以不欲者转相酬人，亦难以共加者还相谅。则未加之始，心必先有所不安。夫此不安之心，固亦深阅于人我之故，而可以弭其隙者也。顺而应之，廓如也。

姑无论我加诸人，人亦尽如我之不欲否也，第有不欲，则已惺惺不容自昧矣。使深恶之而不知所以自裁，而又欲徇之，安必其大相远也。况人即受其欺，而可以不欲者相蒙，我安能自讳，而漫谓所加者皆当。则将加之际，我必先有以自度。夫此自度之心，亦即相权于人我之交，而可以观其通者也。推而准之，裕如也。

故第谓加诸我不任受，加诸人必不任受者，此犹有彼此之见者也。赐惟以观人，亦如观我者。不必揆乎人之心，先可揆诸己之欲。一有不欲，而已介然其不苟也，而于人何与哉？

第谓既以妄加者力绝乎人，当以妄加者力绝乎我，此犹有先后之别者也。赐惟有不见我，亦不见人者。人于我难保其无所加，我于人可明证其有不欲。一言及人，只觉油然可与偕也，而于我何与哉？

赐所以自期者，如此。

子贡胸怀本自阔达，又从不欲、勿施做工夫，故尔信口道来，不觉身分太高。以达士口吻，写真实道理。怡然涣然，神妙独到。慈陵唐瀛。

未之能行，唯恐有闻

观勇行者于未行，其心可想矣。

夫未之能行，以其方有闻也。而即以有闻为恐焉，心之勇往何如哉？

且夫人有行未至而患闻之寡者，此心徒骛乎闻者也。有闻既至而始虑行之艰者，此心犹缓于行者也。惟行方欲与闻相循，闻又若与行相迫，迫之而一心之凫皇，并而为一心之怵惕。而行之无尽者，心益与为无尽焉。则尝以观有闻之子路。

夫子路，非所称闻，斯行之者哉？顾第于行观子路，子路固能行者也。幸其能行，益幸其有闻。闻为行示之的，行即为闻立其程也。则即闻即行者，岂于将行之始有瞻顾。且子路又无不能行者也，有闻而见其能行，能行而愈行愈闻者①。括乎闻而行见多，亦毕以行而闻见少也。而愈行愈闻者，讵于尊闻之际有危疑。然而以此言勇行，犹未足尽子路也。不观其汲汲焉唯恐有闻者，乃在未之能行时耶？

夫人以无事之境予心，则心舒。以有事之境予心，则心迫。未行而适有闻，则心已迫也，况乎更有迫焉者也。前望焉而行未践所闻，后顾焉而闻又踵乎行。宽一候以待闻而不得，留一隙以励行又不得也。殆未有迫于此者也。

以至暇之心待事，则事简。以至急之心待事，则事烦。能行者尚未行，则事已烦也，况乎更有烦焉者也。乍闻焉而心正切于行，将行焉而心复悚于闻。是闻且无时不有余，行更无时能自足也。殆未有烦于此者也。

---

① "而愈行愈闻者"，原作"而愈望其有闻"，据上下文改。

　　且行之副所闻者时有定，闻之策所行者时无定。念前闻之未行，方深警惕。恃后闻之未至，遂涉因循。安见相逼而来者，不即在此未行时耶？则恐恐焉伺将行之一时，预为闻地者。要惟伺已闻之一时，急为行地也。而行何可缓哉？

　　且行以闻为范者数有穷，闻与行相寻者数无穷。借前闻之欲行，不遑他及。任后闻之纷至，尚待徐图。不将使日不暇给者，转以多闻累耶？则恐恐焉合计乎闻之数，而虑缓于行者。自必早计乎行之数，而无阻吾闻也。而行何时已哉？

　　夫未能行而方有闻，此须臾事也。而其用心若此，勇行者尚以子路为法哉！

　　为勇行人写生，精心刻露中，妙有清气往还。尧农陈本钦。

子谓子产 "有君子之道四焉"

道衷诸君子，郑相洵可风矣。

夫君子以道济天下者也。子产之合道已有四焉，子故举以风世欤！

尝谓著于事者才，蕴于心者德。自德不足与才相济，而圣贤经世之学，几难复睹矣。夫惟有道以持之，则以德范其才而道见，以才显其德而道亦见。一深究乎功名所从出，而道之分端而见者，其酝酿深焉。乃叹古大臣之树立有素也。

不然，我夫子有志于大道之行，固日以古君子相期许者也。而兹独穆然于子产，岂无谓哉？

盖自功利相竞而道悖，权衡相尚而道愈悖。运会所判，议道者孰克操升降之权，则略经济而相寻以本原。其约而守之者，必自有具也。

内以宠利胜而道微，外以陵竞胜而道愈微。时势所趋，任道者岂易协经权之用，则敛才华以自循乎彝宪。其范而围之者，要自有真也。

然则以道衷诸君子，而克有其四者，微子产谁与归乎？

今夫道之率于性也，惟君子能尽性，而道乃不涉歧趋。子产则以性孚之。当其时，倾轧者不无悍族，悉索者亦有强邻，而道足相维，直欲争猷为于三代以上，其治功之所为灿著者，即性功之所为默存也。而岂独其性之英敏，为克进乎道也哉？

今夫道之积于学也，惟君子能笃学，而道不徒为虚位。子产则以学几之。当其时，议之者莫谅其心，谤之者孰原其隐，而道能有济，遂以宏相业于四十余年，其治术之布诸优优者，皆学术之达诸亹亹也。而岂仅学之淹雅，为能致其道也哉？

　　然则子之谓其有所以愧乎？未有者也。天下不可一日无道，即不可一日无君子。而公孙以少年执政，尚能销桓、武诸君兵戈之气，以自焕其经猷，此道之能处常，即道之能济变也。旷览春秋之英杰，秉钧者不乏卿才，奈何令四者之道，惟子产独有之？

　　抑子之谓其有又所以动乎？能有者也。天下所维系者惟君子，君子所维系者惟道。乃新郑以积弱图存，尚能黜晋、楚诸国夸诈之风，而特昭以正轨，此道之可为大，即道之可为久也。缅怀古昔之纯修致治者，皆堪效法，曷勿举四者之道，与子产共有之？

　　否则，以君子谓子产，而仅以博物当之，安知恭敬惠议之合于道哉？

　　　　　紧对下文四项，浑括子产一生，"道"字独得真谛。其为文，则熊之雄伟、刘之秀伟，盖兼之矣。受业张国英识。

其行己也恭，其事上也敬

郑大夫之行己事上，恭与敬有交尽焉。

夫言行己，则道在恭。言事上，则道在敬。子产兼尽之，不已为有道之君子哉？

且国家不患无才臣，特患以才处身而持身之防溃，以才奉主而震主之嫌生。日挟一矜才逞才之心，而欲其不悖于道也难矣。夫惟抑然视我躬为不足，亦凛然思我后之难欺，虽自命不愧天下才，而谦德与小心要足范其才而一衷诸道。知此者，可与论郑子产。

子产何以有君子之道哉？一在居位之致其恭，一在为臣之止于敬。

政未授而惧童子之言为戮，政将及而以执政之侈为忧。奉一己以与悍族相周旋，径情行之则易骄，降志行之亦易弱也。则行己难也。借令少年辱高位，己以肆而擅侮老成。博物号多材，己以傲而轻违众志。公族专政柄，己以宠而易视同僚。古君子持盈戒满之道安在哉？子产能以恭守之，适野谋及裨谌，恭在询度。议政不毁乡校，恭在旁求。赋诗以觇赵文，恭在交际。且也子孔专矣，良霄汰矣，化以恭而凌己者不敢自雄。子晳争矣，丰卷怒矣，协以恭而畏己者无由自逞。则固非温温之君子不及此也。迨其后，伯石亦称有礼，然明可诏降阶，二三子逊让成风。夫孰非执政之恭，有以端其表率也哉！

北宫伐而内之协赞鲜卿材，虎牢城而外之凭陵有劲敌。奉一君以与强邻谋和辑，唯阿事之则职未尽，坦率事之则分易逾也。是事上难也。借令行其私以罔上，赠缟带而祇订外交。伐其功以陵上，献陈捷而竞鸣得意。忘其分以冒上，受莒鼎而遂擅威权。

古君子补过尽忠之道何有乎？子产能以敬持之，以入政戒尹何，敬在分职。以畏威责南楚，敬在议刑。以不恪斥孔张，敬在守礼。且也垣可以毁，承可以争，敬达于友邦而上之势振。畔无敢越，邑无敢受，敬形于夙夜而上之体尊。则固非翼翼之君子不至此也。想其时，太叔勤朝夕而以政问，子张矢恪共而以邑辞，二三臣抑畏为怀。安在非相臣之敬，有以示厥仪型也哉！

及观养民使民，则又不忘恭敬而足为民之主矣。君子哉！吾能勿神往于东里大夫哉？

　　"恭""敬"字紧接"行己""事上"发论，反正并透，都从子产身上搜出意义。体大思精，虑周藻密。少青。

子曰："晏平仲善与人交，久而敬之。"

齐大夫之善交，无失其敬而已。

夫交而敬难，敬而久则尤难。子故善平仲，以为与交者法欤！

且夫人未有不相与以心而可言交者也。慤其心则交情笃，慢其心则交道衰。特恐未交而彼与此之心，尚得而一之。既交而前与后之心，反从而贰之。则即交之疏密，而心之疏密判焉矣。

子曰：天下无一事可以不敬者，即无一事不敬而可期其善者。即论交，何独不然。吾尝久居于齐，而窃叹今之可与交者，洵莫平仲若也。且夫言交于平仲，亦岂易易哉？

坐柏寝而谐媚不与同忧，饮遄台而佞幸不兴同乐，似其择交为独严。顾严也，而不以敬持之，而欲不谄不渎同寅，克相乎三君，吾未敢为平仲必也。

虎门立而栾高不能召，大宫盟而崔庆不愿从，似其缔交无不正。顾正也，而不以敬孚之，遂谓相应相求竞爽，弗忘乎二惠，吾亦窃为平仲危也。

善哉！其交而能敬乎！交之善以敬见，交之敬则尤以久见。

以内交而论，则民望咸属，交已遍乎同朝矣。使其解骖而延越石，久之弗礼为上宾。拥盖而荐仆夫，久之仍讥为贱役。安见敬之无致哉？乃交合以迹，而敬则属以忱。交深贫贱，待举火者五百家。交遄细微，先卜邻者二三子。亦何善于终始，而历久弗衰也。盖敬固无终始者也。而诚陈桓、示子尾之形于晤语者，视此已。

以外交而论，则博辨堪钦，交已联于与国矣。使其辞邑闻诸季札，久之弗奉为箴铭。荐贤雅重子皮，久之或疏于晋接。安见敬之勿替哉？乃交联以人，而敬则动以天。宋有盟而永怀赵武之言，交情弥永。晋有盟而必谏栾盈之纳，交谊如新。亦何善全于常变，而久要不忘也。盖敬固无常变者也。而语叔向、对楚君之著于当境者，无论已。

是故当日者，陈与鲍睦而祇启戎兵，款与据和而未知献替。惟平仲执其执信，端委以维季世之衰，此亦即老臣谋国之深心也。而征角鸣休，卒以一敬协泰交之盛。

当日者，邶殿可辞不异武仲却田之知，爽垲弗就何殊文子弃马之清。以平仲危行危言，幅利足倡协恭之谊，此亦即君子持盈之要道也。而和同致辨，遂以一敬济交道之穷。

使世之言交者尽如平仲，则友道尽而臣道亦何弗尽乎！

只就善交上，写得经权常变、道理俱足。而"敬"字全身与晏子生平，面面圆到。树义正大，选言切当，徒以左癖目之，犹浅矣。尹臣。

季文子三思而后行。子闻之，曰："再，斯可矣。"

思至再而已可，用思者无容过矣。

夫思亦求其可耳。文子之三思胡为者，子故以再示之准乎？

且人苟能举天之所与者而立乎其大，未有旷乃心于无所用者也。故知幾者必诚于思焉。特是思丽于虚固善入，思狃于物亦易纷。使发虑出谋竟以危疑莫释者展转于寸心，势将用吾心而心已受乎？思之弊，昔者夫子闻季文子之遗事，尝借以立论矣。

今夫宇宙艰深之境，烛乎其隐则易通。乃易通也，而故难之。保无有入而多阻者乎？故往来务戒朋从，而百虑原归于一致。

事物蕃变之交，析乎其原斯易决。乃易决也，而故疑之。不终于悬而无薄乎？故睿圣功归敬用，而一心无事于分营。

至一思之不已，而再思之，不已能立决于行，而适得其所谓可者哉？是何也？

思之而行，以义为断，义在则利不能摇。而又恐其见义之未明，更加之以审慎。定大计决大疑，有可行所无事者。斯喻义而思自精，再计焉而已无余事也。

思之而行，以理为衡，理在则私无或累。而又防夫此理之歧出，复济之以折衷。立丰功成伟烈，有可以行无弗宜者。斯析理而思自挚，至于再而已有定凭也。

不然者，单厥心而实迁乃心，省括者机难自释。研诸虑而又衡于虑，道谋者室卒无成。趋避巧而险阻愈多，方寸已自有无穷之变幻。

况瘁一心于多患多忧，濡尾已占其吝。抚一身而畏首畏尾，盱豫且悔其迟。揣测工而狐疑愈甚，寰区几无可历之程途。

彼文子岂见不及此，而时人乃特以三思后行相传述也。抑何思之鲜所可也，思误矣。思误而行与俱误矣，然后知酌之，以再者为独得已。

大抵天下事败于刚锐者半，败于迟疑者亦半。文子非失于迟疑者哉？以所可者限之，而艮严出位，咸感无心。行不以思扰其天，而思止为行速之赴，兼三王而施四事，即以再思继待旦之心源可矣。

天下事成于仓猝者难，成于延缓者更难。文子非慎于延缓者哉？以斯可者防之，而井占辨义，央贵中行。思仅为行策其力，而行不为思沮其神，退补过而进尽忠，即以再思奉事君之良法可矣。

若是者，行之所启，先以思定其程。而思之所趋，不使行受其弊。古今来揆事变而通鬼神者，道不越此。人可不慎所思乎哉？

三思再思，反覆对勘，无一语黏滞文子，而文子之得失自见。题义朗畅，结构谨严。炼气炼骨，奚止三伐三洗。惺夫。

愿无伐善，无施劳

观不违仁者之所愿，道在去其骄而已。

夫善而伐，劳而施，是失于骄也。回愿无之。

而不违仁之学著，以为载理者心也。顾心至静而轻肆乘之则易驰，心至虚而盈满中之则易杂。善治心者渊然蓄天下之道，德不见有余，亦坦然任天下之事。功常若不足，而私之生于心者，举不得为心害焉。

回何志哉？回尝观有志为仁者，固而存之为纯粹之修，则有善。推而布之为经纶之用，则有劳。迨夫善止于至，劳底于成，且将与仁为依归，而浑忘乎善与劳之迹。则不有善，而伐于何有？不有劳，而施于何有？此非回所不能骤臻者哉？然而窃有愿焉。

德与业皆性分中所自具。乾言善曰元为长，坎言劳曰物所归，若固有焉已耳。乃迫求之，而客感得以相乘，则源未清也。

贤与能亦造诣中所必臻。益言善而见自迁，兑言劳而忘自说，有浑化焉已耳。乃骤得之，而矜情因而肆起，则养未醇也。

回愿无之。

今夫荡佚之情遽遏之，恒虑其中之不密。即使勉而为密，有偶疏焉而中决者矣。

虚浮之气勃发之，恒患其内不及持。即欲力与相持，有偶放焉而已逝者矣。

然而敉伐施于既有善劳以后，不若净伐施于未有善劳以前。

而保善劳于已伐已施之时，不若争善劳于未伐未施之始。

宇内只此修能耳。乃圣贤所矜慎求全者，中材偏得而炫耀之。是伐与施先入而据其中，而善劳特假饰焉，以济其佚志者也。诚于未有善劳时，若无若虚，常自葆其渊醇之量，则向往切而鼓舞生，鼓舞生而泰侈之衷化。善与劳本无穷期，而吾矜慎之心亦与为无穷焉耳。何待矫情以镇哉？

人生只此精力耳。乃英杰所歉仄不遑者，庸流偏从而夸大之。是伐与施迭出以汩其意，而善劳特旁贷焉，而资为美谈者也。诚于未伐未施时，问骄问泰，常自绳于幽独之中，则刻励久而意气平，意气平而恬静之真见。善与劳即有止境，而吾歉仄之意仍莫知所止焉耳。何至任意以驰哉？

夫古今来以非常之器而或易盈，以盖世之才而多所悖，皆伐施累之，而无与于仁者也。回敢弗自勉哉？

"善""劳"看得切实，"伐""施"剥得精细，两"无"字都从颜子克己工夫推勘个尽。戛戛独造，仍复恢恢有余，此功深养到之候。雨耕。

吾未见能见其过而内自讼者也

学贵严于讼过，圣人以未见警之焉。

夫自见之而即自讼之，将不复有过矣。而能之者岂易见哉？

以为吾不解今之人，何以遂终其身甘为过中人也。诚使以省过之心激为悔过之心，以悔过之心迫为督过之心，斯心至而力亦至，将更无一隙焉可以容吾过者。此非吾所亟欲见而不能自已者哉？

今夫人知过者此心，讳过者亦此心。顾不知其过而径行之，与知其为过而乃曲讳之，心固有难昧矣。吾甚惜乎知过者而竟安于讳过也，是自速其戾也。

耻过者此心，文过者亦此心。顾不耻其过而以过自丛，与深耻其过而反以过自文，心尤极不安矣。吾甚惑乎耻过者而又甘于文过也，是自树之敌也。

而谁是能见之而能讼之者？

且吾尝见夫见人之过而代为讼之者矣。友朋之药石，亦或中乎疾疢之源。岂外镜则明者，内镜反暗耶？夫吾见人过而显以相规，犹若难于曲恕。自见其过而隐以自咎，何遂可以姑容。讼之者内省维严，而凛于未形，防于渐长，亦且惕于既往。己所独见而心常惺，亦人所不见而神弥悚也。是真见其过者也，而奈何未见也。

又尝见乎己未见其过而欲人之代为讼者矣。夙夜有隐忧，尚急望乎箴规之赐。岂人绳我必刻者，我绳我反宽耶？夫人讼吾过而巧以相诋，情或尚有未真。吾讼吾过而迷而顿悟，责更何能自逭。讼之者内疚綦深，而无可自掩，无可自私，亦并无可自信。创惩于有过而讼以兴，必荡涤于无过而讼始息也。是真见其过而内自讼者也，而奈何未见其能也。

夫见其能则将不复见其过，何也？见过而过知所自来，斯讼过而过求其必去。自欺惟我，自慊亦惟我，其刻励于人禽之界者，甚危也。彼诚不远而复，何幸于吾亲见之也哉？

至若徒见其过则必无复望其能，何也？亦既不讼过而莫望其自新，人将不见过而终安于自弃。作非惟我，饰非更惟我，是锢蔽于愚柔之累者，何极也。傥其迷误未深，又何堪令吾不愿见也哉？

世有愧其未能而欲自勉者，吾将旦暮俟之矣。

见过讼过，回环见意。题义一字不抛荒，题神一语不破碎。冰雪聪明，雷霆精锐，殆兼其胜。彭志成谨识。

"女得人焉尔乎?"曰:"有澹台灭明者。"

宰贵得人,贤者因实举所有焉。

夫人为圣贤所必得之人,则未易言有矣。如灭明者,庶无负得人之望哉!

且吾人意中所欲得之人,必吾人意中所仅有之人也。夫人才之有无,即吏治得失所由判。圣若贤专其心以求之,即如其愿以获之。则有所欲得之人,而好士之情见。亦得所仅有之人,而取士之识益见。

子游而宰武城,宰诚得其人矣。武城可谓有人矣。顾有挽回末俗之人,而相与挽回者,又必有其人。有表正人伦之人,而共为表正者,又必有其人。有维持名教之人,而与为维持者,又不可不有其人。人之得不得,所关岂浅鲜哉?

而夫子则重以得人为子游望矣。俗吏而欲得正人,不期远而自远。良吏而欲得正人,不求亲而自亲。惟得之者有以为之招,斯所得者有以副其望也。此子所厚为期者也。

而子游则以澹台灭明对矣。得人而得所不易得,则人之气节伸。得人而得所不多得,则人之流品正。我得人而人不为我轻,斯人得我而我益因人重也。此子游所还而质者也。

夫以武城而言得人,夫岂易言得者?以武城之宰而言得人,又岂易言有者?而竟得之,而竟有之者,何哉?

盖吏治之得失,即视其人为得失者也。谓得人者位必在铨衡,则书升何以先里党。谓得人者才必经明试,则惇行何以重暗修。惟人可得而恝置之,吏治遂因而不振耳。就子之问以相推,则地如武城而尚可得其人,而况进于此者乎?位如邑宰而尚欲得其人,而况尊于此者乎?观政者他务未遑,而独揭一端以相叩,冀其得又若虑其未必得。谓此固吏治所由醇也，则期许有深焉者矣。

而人才之有无，一视得之者为有无也。谓有其人为极难，何以有之者忽得诸一邑。谓有其人为极易，何以有之者仅得其一人。惟即有之而即得之，人才遂因而日出耳。就所有之灭明以相推，则使灭明而不遇子游，即明有其人，夫谁得而有之乎？使子游而不遇灭明，即别有其人，岂易信其有之乎？求贤者多方延揽，独觉一念之相孚，幸其有即以明其不易有。谓此固人才之有数也，则结契有微焉者矣。

及进述其行事，则武城所仅有之人，诚不愧圣贤所欲得之人矣。

题上下本沆瀣一气，文若打做两撅，反成柄凿。镕铸有法，运掉得神，可为呆板循题者换骨金丹。雨耕。

子曰："孟之反不伐，奔而殿，将入门，策其马，曰：'非敢后也，马不进也。'"

鲁大夫自掩其功，可为矜功者训矣。

夫人臣不言功，亦已难矣。反乃举其功而掩之，其不伐不诚可风欤？

尝谓矜其能者罔功，顾平其矜于未及见功之地，与平其矜于人尽有功之时，犹不难逆而制之。惟其功为无功者所交赖，即为有功者所莫争，而旁观推羡者又众著其功于不容掩，将内观己而幸心生，外观人而竞心生，而心遂不可问矣。

子尝借孟之反以立论，曰：今天下亦孰是劳而不伐者哉？

才每绌于事之所难。至事既济，而恃才之念形。则以才见功，尤易以才见过。

气每激于义之所迫。至义克就，而负气之情胜。则锐其气以相赴，又将偾其气以相陵。

今夫疆场之间，其争能争功非一日之积也，全师振旅又非易易事也。彼国人之咸属耳目者，且将震而矜之，更未可故为韬晦也。清之役，反独殿我师以生入国门，斯时马首是瞻者，早哗然曰反之功伟甚。及其将入，而瞠乎后者，亦无由以殿自讳也。乃拔旆而自笑其数奔，亦振策而深惭其独后。若谓非人也，其马也。此则反所自谢不敢者也。噫！此其意深远矣。

夫人惟远罪之计深，斯见功愈急。世固有争殿国师，卒至为国之辱者矣。反纵不以功自见，亦安得禁旁观庆幸，谓是反败为胜之重赖斯人，乃犹抑抑然负罪引咎之不遑也。盖视臣辱主忧，本无可自鸣得意。况求之艺亦能军，须之弱犹用命。人亦谁不如我，而乃猥以自炫耶？推是心即以崇敦诗说礼之风，潜消乎一世之凌竞焉可也。

抑忧国之念浅，斯争胜愈奢。世固有一人克殿，自诩其可以集事者矣。反即不以胜自争，亦安得谓奋不顾身，竟似遇敌速奔者无能为役，乃犹惴惴焉倒戈弃甲之自惭也。亦以情急势迫，始幸而共庆生还。彼不列于诸侯者，国之忧。不成为大夫者，卿之耻。我亦何济于人，而乃窃以自喜耶？推是心即以挽心竞力争之习，交勉乎百尔之靖共焉可也。

是则生民以分谤，非欲愧五日从事之庸臣。

成功不敢居，并能振三刻逾沟之士气。

反不诚加人一等乎哉！

82

叙本传事不粘滞，写言外意不肤浮。绵邈滂沛，俱露毫端。所谓独得雄直气，发为古文章者。竹泉向简修。

人之生也直

圣人勉人以直，因溯其所自生也。

夫生无不直，实以直而后生也。人不当以直自勉哉？

且盈天地间一生机之流衍，而赋其形以生，负其气以生。生也，而非所以生。惟有维系于有生以后，而为形与气所固而存。灌输于未生以前，而为形与气所凝而合者。而无矫揉，无驳杂，遂适见乎人生而静之真。

今天下芸芸者皆人也，皆食味、别声、被色而生者也。而抑思人果何以生哉？

宇宙混茫之会，一浑然者耳。有所以生者，妙合乎二五之精。而动而生静而生，万象之胚胎遂流贯焉，而其机不息。

气化绷缊之初，一繁然者耳。有所以生者，荟萃乎五行之秀。而大而生广而生，一理之充塞独凝结焉，而其体常伸。

所谓直也，夫非有生以来所共焉者耶？

论直所充周，以之为己则顺而祥，以之接人则爱而公，以之居心则和而平。贯毕生而初无终极，而其生也有真机，实其直也有真宰。从乎其朔，初非功力之所强而成。

论直所存主，无情伪之感则无利害，无爱恶之攻则无吉凶，无远近之取则无悔吝。只一直之所为默成，而其直也无客感，即其生也非客形。相见以天，并非外物之所得而挠。

虞廷教胄先以直，则直即蒙养之功。贻哲命于初生，无虐无傲皆是道也。禀有清浊，直之理无偏全。质有厚薄，直之理无纯杂。而于赋畀之精见朴诚，即于肌肤之会征强固。惟不失其心于赤子，乃能践其形于圣人。

禹范三德首以直，则直即平康之本。溯渊源于皇降，无反无侧皆是道也。质极下愚，直之理不见少。品虽上哲，直之理不见增。而于阴骘之原观相协，即于日用之地验持循。知官骸非虚植其形，性命实各见其正。

是故生而大美恒不数，生而大恶亦不数。此亦生之毗于气，而气无定者理有定。直只一直，而生不一生。

富贵福泽厚我生，贫贱忧戚劳我生。此亦生之役于形，而形不同者理自同。生不虚生，即直宜常直。

而奈何有不直者哉？而犹得恃其生也哉？

84

程子"生理本直"四字，原赅人生始终。言只将题句细意涵泳，便见人之所以受生者。此直人之所以能生者，即此直也。两层并透，朴朴实实。精理灏气相辅而行，犹想见正嘉胜概。印溪王礼圻。

子曰："觚不觚，觚哉！觚哉！"

实失而名仅存，圣人因寄慨于觚焉。

夫惟有觚之实，而其名始得也。既不觚矣，子岂仅为觚慨哉？

且世运之变迁，人心为之也，而即于事物征之。前之人可传可法，因物而肇锡以名。后之人不范不模，存名而遂忘其义。究之名可诬，义可袭，而要难禁思义者之重核乎其名。

子尝观于觚，而慨然也，曰：天下名与义之不可假，岂一日哉？

先王知规圆象天矩方象地，而闻有不易之准绳，故义在而名即缘义而起也。而觚特其微焉者也。

先王知器必中度则必因心，千古无易更之法，制是名在而义即循名可责也。而觚尤其著焉者也。

乃至今日而哗然相谓为觚矣，亦至今日而茫然不知有觚矣。

风会之迁流以渐，吾不知不觚者之始自何时，遂群相习而顿忘旧制也。夫不觚而仍名以觚，三代之典物犹将目击存之。然始既失觚之实，而姑窃其名久。且冒觚之名，而反诋其实。错矩偭规之积习，不难举智创巧述，视若弁髦。设有缅矩矱于高会，而低徊不置者，曰此固前此之所谓觚也。而能勿为觚慨哉？

事物之更易何常，吾亦不知不觚者之始自何人，至失其旧而尚予嘉名也。夫名觚而仍然不觚，一物之流传何难轻心掉之。然始有觚之名，而已非故物。继失觚之实，而徒附虚名。制器尚象之精心，岂仅为厌故喜新，资之口实。设有念权舆于故府，而俯仰情深者，曰此又今日之所谓觚也。而能勿更为觚慨哉？

不觚矣，而尚得谓之觚哉？

夫欹器设而谁念持盈，金人铭而谁思缄口，吾方谓古制之仅存为可惜也。而初不意觚而不觚者，又妄为觚觯也。易廉隅之饬而示以模棱，徇众论而莫求其是。纵刓方为圆，已非一日，独奈何并一觚而亦失之也。谁则举不轨不物者刻而核之？

抑告朔亡而羊名以饩，麻冕废而制易为纯，吾犹谓古法之擅更为足戒也。而更不料不觚而觚者，又巧为不觚讳也。违直方之训而别成准则，遂仍讹谬而视若故常。纵变本加厉，已非一端，独奈何至不觚而亦忘之也。谁克举有典有则者防而范之？

夫惟圣王在上，球图刀璧陈其宝，盘杅几杖勒其铭，遂足易破觚为圆之习，而进于隆古也。岂不懿欤？

始以觚而不觚，继以不觚而觚，只就上三字回环唱叹。两"觚哉"，即从夹互中出。泛言古制不复，或呆向"觚"字数典，皆笨伯也。属情萧远，寄慨遥深。可与谐今，可与道古。玉农贺成。

据于德，依于仁

据与依有实功，德仁可递进矣。

夫非德是据而何有德，非仁是依而何有仁。有志于道者，尚其审诸。

且以人心之易放也，使无实心焉以操之，则功之日新者寡矣。而以人心之易纷也，使无纯心焉以丽之，则理之日至者愈危矣。夫惟守其心于至实，亦存其心于至纯，而后吾道乃确有可凭而浑无所间焉。则岂特志于道已哉？

今夫求诸道而于吾心，争得失者惟德。全夫德而于吾心，审离合者惟仁。

凡物难拥以自私，而德之名则必主夫得。顾暂得于己而难要诸久，与只得其偏而莫括其全，非不可谓德也，而虑其以二三与矣。

凡事或别有所假，而仁之实则只全夫人。顾全人所固有而未复其初，与全人所自有而莫化其迹，非不志于仁也，而难免以终食违矣。

夫天下有迫出其力以相执，而固而存焉者，非据之谓乎？

天下有常托一境以为凭，而习而安焉者，非依之谓乎？

而吾乃实验之，于德于仁。

窃据焉而辄矜创获，非所谓德。强依焉而遂谓浑融，亦不可谓仁。夫岂知万善皆备而诚未至，则尚虑游移。三月不违而私未融，则尚惭浑合也。此据与依之必在德仁，而无容相冒也。

欲据为故常而操者旋纵，将德无可据。欲依为性命而存者忽亡，将仁亦无可依。夫岂知闲无出入毖诸内，则止所不迁。境自安敦契其微，则无入不得也。此德与仁之必有据依，而未可相蒙也。

唯。然则或据而或依者，其为力必专。德非虚位，而据之者惟恐失，何暇骤语浑全。仁有定名，而依之者无敢违，方且愈严操守。固结之精神，亦若徒之他途而弗便。夫异端守寂课虚，而执之固，而养之纯，寸衷亦似有神明之助。而况德与仁之专致其力者哉？

唯。然而旋据而旋依者，其为功必密。有所据以求仁，而守其一德者，久且赅乎全。德有所依以懋德，而始而近仁者，终且进于安仁。闲存之实学，亦若按其节候以相绳。夫曲学循途守辙，而防甚坚，而信甚笃，天怀亦别有浃洽之真。而况据与依之密致其功者哉？

自是而精乎道者，又可进乎艺矣。

此等题原宜实发正面，方为精切。文处处以翻空取势，而精理名言络绎奔赴。是谓具真力量，显大神通。汉城王继贤。

据于德，依于仁，游于艺

体道有全功，当循所志而递进焉。

盖得乎道为德，纯乎道为仁，而艺又道之散见者也。曰据，曰依，曰游，志道者可勿勉诸？

尝谓不可离者惟道。顾道凝于一心，而心贵密其防也。道兼乎众理，而理贵醇其养也。道著于万事，而事贵观其通也。吾尝持此以为有志者望矣。

今夫学不赅乎表里，则趋向歧。执焉而见其散殊，复焉而得其统汇，安焉而极其变通。道于是乃反覆曲折，以穷其量。

功不要乎始终，则径途隘。内邃焉而隐与相持，身体焉而显与相丽，神会焉而久与相化。道于是乃从容转徙，而尽其程。

然则吾人所恃以确乎可据者，非德也哉？德原于同得，不峻其闲以相守，则道违。德征诸独得，不小其心以相防，则志夺。据之而深造者，皆其自得者矣。

至据之久而相依弗失者，非即仁也哉？仁为德所融会，无一念不与天地相见，而道乃纯。仁即德之浑全，无一息不与性命相涵，而志乃笃。依之而勉强者，皆其自然者矣。

若夫据之依之而又优游以俟之，则亦安可无艺哉？艺本德之绪余，而习数以穷其神，斯道赅巨细。艺亦仁之粗迹，而玩物以博其趣，斯志异拘墟。游之以几于能化，而德与仁皆浑焉。

则道也，而已进乎技矣。

必谓德备者，无烦固执。仁全者，无待操存。艺成者，非关服习。日从事于求难求远，而学为已疏。庸讵知道固有范而围之者？将有所据而拳拳时服诸膺也，有所依而存存若成于性也，有所游而循循益博以文也。精之见民彝物则之原，浅之得玩物适情之乐。逊其志以相赴，而千古之美大圣神，悉基于此矣。

使谓据之而强执者，难语浑融。依之而默存者，难言伴奂。游之而博涉者，何与本原。徒自限于不备不醇，而功何由密。庸讵知道固有渐而几之者？将德日新而不敢以细行累也，仁日熟而不敢以终食违也，艺日精而不仅以多能显也。广之极诚明功用之全，约之止内外交养之实。笃其志以相从，而千古之性命文章，具备其中矣。

有志者，其交勉之。

抱定"道"字，纯以义理融贯，而于三句本末先后，尤能逐层透发。一气相生，脉注绮交，日光玉洁，是能荟六经五子之精粹而为言者。绮秋云。

必也临事而惧，好谋而成者也

圣人所慎在战，于惧与谋见之矣。

夫不惧者偾事，而不好谋亦未可幸其成也。能惧而谋，言战者其必以此乎！

且千古之妄谈将略者，一误于无惧者之急欲立功，一败于寡谋者之轻于赴敌。夫设一议而关天地生杀之机，定一策而系民社安危之重，而竟以敢心乘之，矜气中之。无论其动失机宜，已大非古圣贤敬慎不败之意矣。

由乃轻言三军之事哉？

天生民而五材并用。虽上世不废言兵，然与其既事之后多悔辞，何如未事之先无肆志。当驱其众以轻尝锋镝，即兼弱攻昧，仁人先已有危心。

武止戈而七德交修。即圣世不轻议战，故谋之臧犹恐有惭德，谋不臧不仅失国威。使省厥躬而辄用干戈，纵同德一心，议者犹防无远虑。

试思所临者为何如事，而可不惧乎？惧矣，而可不谋之以冀其成乎？或者谓杀敌致果，惧之甚则气不振志必不坚。保大定功，谋孔多则论愈歧。计愈不决且欲谋而惧，则畏首畏尾，势将以心竞而难以力争。既惧复谋，则旋信旋疑，势将惑众志而妄矜己见。临事在我，夫何惧。成事在天，何用谋。是惧与谋皆可以不必也，则亦未知可与共事、可与共谋者之必是人也。

天下无率意可临之事，故庸人所惧在见过，君子所惧在见功。夫敌虽犯不毗，何忍言诛。民虽有违心，何容尽戮。恪恭震动，早欲挽回于无事之时。至临事而主客分，而胜败判矣。事不济，则惧犬羊之众逞其残。事有济，又惧鲸鲵之封益吾咎。倘狡焉思逞杀机，其何由息乎？不敢以畏事而使人议不勇，不敢以喜事而使人议不仁。知儒将之言兵，恃小心不恃大力也，夫固有凛然临之者也。

天下无率意可成之谋，故豪杰之好谋在战争，老成之好谋在安辑。夫弗戢自焚，何以全民命。攸灼弗绝，何以养天和。惕厉忧危，断不侥幸于所谋之中。至于成而有万全，不可一失矣。所谋德，则反侧者可引为腹心。所谋败，则糜烂者将贻于子弟。使运筹未当，受害其何所极乎？不敢以变诈夸奇计而自显其长，不敢以迟疑失事机而自贻伊戚。知丈人之贞吉，有定识乃有定力也，夫固有默而成之者也。

由奈何轻言三军之事哉？

　　暗以"惧"字作主，仍不失平还语势。帝王用兵之心，圣贤制胜之要，具见于此。至其气势浩瀚，魄力沉雄，则已奄有昌黎、眉山之胜矣。春如鹿泽长。

好谋而成者也

以好谋言战，而成非幸成矣。

夫无谋而欲幸其成，天下岂有是事哉？故惟好谋者，能不偾事耳。

且千古之奇功，一时之远虑图之也。万众之大计，一己之小心定之也。古大臣用世不敢以事之易成而有所幸，不敢以事之难成而有所疏。心愈细而虑愈深，斯战胜之权在是已。

行三军何以必惧，惧其事之无成也。然事非无成之患，亦不谋其成之足患耳。

天下之事无可恃。事而必要其成，则更无可恃。举一国之生灵而委之锋镝，其成非仅以力争，不成非仅以身受。则成算宜预操也。

天下之事皆可危。事而莫必其成，则更有可危。举两军之胜负而决之崇朝，有成惟我策其勋，无成惟我执其咎。则成功非坐致也。

至哉谋乎！事之集于成者，其必以此乎！然亦谁是好谋而成者？

大抵谋事者气每虞其躁。仓皇失措之顷，应之以卤莽，则回惑生。济争先而指可掬，心不固而趾太高。躁甚而疑乘之，疑之所以败谋也。

谋事者情亦患其矜。勇往莫御之时，出之以粗浮，则虚憍胜。不介马而城濮贻羞，争超乘而殽陵不返。矜甚而轻中之，轻之所以寡谋也。

庸讵知事之成以势，而谋必决之以理，理定而势无不审。斯无事不出以渊沉，合众谋以定己谋，则非我有成也。出己谋以定众谋，则惟断乃成也。儒者盱衡时事，思患预防之意时惕于乃心，则未事不敢忘远虑，斯当事不敢侈奇功。揆诸理，揆诸势，知一时之定变于从容者，必是人也。夫何容以躁心尝也哉？

事之成在天，而谋必决之于人，人定而天亦不违。斯无事不形其详慎，恐人谋之挠吾谋，则成不成难逆料也。恃吾谋以破人谋，则成不成宜力图也。人臣制胜疆场，不戢自焚之患早杜于先幾。而任事能持以小心，斯图事能决乎大计。度诸天，度诸人，知当时之无惭于专阃者，必是人也。又何容以矜心与也哉？

行三军者，非斯人吾谁与也？

"惧"字是好谋来路，"成"字即是"惧"字结局。文处处紧抱上意者也。二字兜裹得神，竖义正大，持论名通。儒学将才，咸归包孕。惺夫。

多闻，择其善者而从之

从善者有所择，不负所闻矣。

夫闻非徒多，以有可从之善在也。择而从之，不已无负所闻哉？

　　且夫人之不能虑善以动者，大抵皆善之分数未明耳。天下患无从善之人，尤患无择善之人。患无择善之人，先患无闻善之人。冥情而又径行之，而至善之途遂不获大明于天下。

我非不知而作，非以所作之必衷诸善哉？夫求知者亦惟求诸善而已。

论善所取资，则前事皆后事之师。初无异辙，而泛求夫善无当也。萃之于所闻，斯耳熟者悉关心得矣。

论善所究竟，则后人守前人之迹。讵有歧趋，而浮慕乎善仍无当也。决之于所从，斯心仪者罔弗躬行矣。

虽然，闻善以从善，亦岂易易者？

古训皆待折衷，患不专先患不博。尝观不学无术，聪明或以乱旧章。而所执既偏，行事适以滋流弊。是闻之未多者，固陋无自开也。

载籍皆为陈迹，贵能信尤贵能疑。尝有一卷之书，行之终身而不尽。一言之误，隳乎万事而有余。是多而未择者，研究犹弗当也。

然则闻非徒闻，惟择之以要于善，斯无负所闻。执夫古而泥之，孰若博乎古而通之乎？我自念删订纂修，名理之饷遗无尽，而犹恐贪多务得，致贻道听之讥。精其择于闻之始，取与弃分宽严。慎所从于择之初，明与诚相先后。惟聆于耳有公是非，斯契于心有真好恶也。而闻善者惟乐取于人矣，而择善者必反求诸己矣。

从非漫从，惟多所闻以慎为择，斯无负所从。博乎古而通之，不即可酌乎古而准之乎？我自念敏求信好，德行之逖听弥赅，而犹恐所闻异辞，莫定率由之准。约所闻以择，于广大见精微。验所择于从，以辨晰归纯粹。惟心常隐与事相权，斯心乃实身为范也。而择善而守者可观得失之林矣，而从善如流者乃见训行之准矣。

而又随所见而多识之，其亦免于不知之诮乎？

题中字字见分晓，即隐与上意相关。局正词醇，气清神朗。翰臣。

多闻，择其善者而从之，多见而识之

广其益于闻见，从与识有交尽焉。

夫多闻多见，皆所以广益也。而有不徒恃其多者，从与识所由交尽欤？

今使耳目之所未接者，神明皆得而征之。则凡耳而目之者，应无事兼收并蓄矣。抑知古今之名理，殽于至赜。而听睹有先资，亦揉于至精，而身心有实获。士君子进规退矩，而综核所及，蕴蓄宏焉。道固有立于枢机未发之先者矣。

我非不知而作，果何以为作之地哉？盖远揽夫古之所作，则有闻。近考乎今之所作，则有见。

虚寂非所以宅衷，而阅历未深，辄讥孤陋。故揆几者莫患乎寡闻渺见，而斯传斯爱，所当综繁浩而窥造物之藏。

渊博漫矜为创获，而涉猎所及，无与精微。故成务者不徒恃乎殚见洽闻，而阙殆阙疑，所当深研悦以求神明之助。

是闻与见之贵乎多也，而又岂徒多乎哉？

今夫事理之歧出不穷也。有悬其的以相招者，则精神之向往必殷。善无常主，我于是则择而从之。而先民有作，咸以为是行是训焉。

几务之易地皆然也。有博其途以相诏者，则宥密之权衡有定。所见异辞，我于是则统而识之。而后有作者，窃引以是究是图焉。

然则我所兢兢于未作之前者，可识矣。

千百载之懿行芳躅，恒迭出以与斯世相饷遗。使仅以约略相稽焉，所作者将伥伥何之矣。间尝泛揽及之，其闻所闻者，尚友如得依归。其见所见者，盱衡悉关真赏。举生平所不轻一试者，皆得取得失善败，旷观而得千秋之鉴焉。我何敢以冥情处哉？公入梦而文入琴，旷代有羹墙之慕。襄诏乐而聃诏礼，同时深参订之功。则凡耳濡目染者准此已。

宇宙间之学术事功，恒备著以待吾人之参考。使仅以浅尝卒业焉，所作者将摇摇失据矣。间尝精切求之，闻不无异同，择之则导先路者若相引翼。见何分深浅，识之则鉴前车者立决从违。举夙昔所欲见诸行事者，皆得持是非可否，反观而为一心之准焉。我何敢以轻心掉哉？易象春秋原有据，博其趣于赞修。商羊萍实讵无稽，寄其情于流览。则凡博观约取者视此已。

此虽未能以知自诩哉？然亦次于知者矣。彼妄作者盍审诸！

处处抱定"作"字，粗枝大叶中仍是细针密缕。典质具晓，楼材力淳，深得大士膏腴。心斋。

民无得而称焉

验所称于民，德几隐矣。

夫惟有可得而称者，而民乃称之也。若泰伯之让，何称乎此德之所以为至乎？

若谓吾于泰伯之让，称之为至德，非谓其德遂众著于天下也。诚念乎今之天下实有所自来，而让天下者之深衷，阅数十百年而终没没焉。而后叹古人行事，其诚至，其迹愈微。其节光，其心愈隐也。吾尝验诸民矣。

夫自来深宫之懿行，动倾逖听之心。彼首阳清节，何与舆情，而千载传为令誉。隐之无可隐也，惟民何能默默也。

贤哲之幽光，易悦颛愚之目。彼箕颍高风，何关世事，而一时博为美谈。辞之不得辞也，惟民何勿津津也。

而今之称泰伯者谁哉？

使斯民创一让商之名，谓六百祀之河山，惟伯实绵其绪。此亦原其隐而称之，而究何可得也。高山虽云天作，犹是殷士之芒芒。而小国储君，曷足问亳都之鼎。乃以我所本无者，而顾曰取怀而与乎？彼民也，方疑青宫远遁，未能事亲，焉能事君。而谓冥鸿之迹，隐存叩马之心。则实求之不得者，即虚誉之亦不得也。有淡漠相忘焉耳？

使斯民执一让周之说，谓十五王之统绪，惟伯实相其成。是亦据其实以称之，而究何可得也。王迹虽曰肇基，谁定周原之膴膴。即天生圣德，岂遽称牧野之兵。乃以事之未至者，而预云有托而逃乎？彼民也，方疑伯仲偕行，未足承家，乌足开国。悦谓揖让阴行，遂使征诛再见。则确信之不得者，悬拟之亦不得也。有一辞莫赞焉耳？

故无论民也，即不从弗嗣，笔诸史策而亦非伯所愿也。当其求全君父，但欲服事之分明，惟恐剪商之名显，使歧之民得称于去国之日，吴之民得称于立国之初。是直为名高也，其忍乎哉？

且无论民也，即锡光笃庆，播为颂声而亦非伯所望也。当其率意孤行，显之借以敦友爱，隐之即以体亲心，使商之民得称以忠贞，周之民得称以仁孝。是仅为名累也，其安乎哉？

此称之所以隐，此德之所以至也。

只就泰伯之让逐层批导，无得而称，意自迎刃而解。不待东涂西抹，浪使才锋，反使圣人胸次添出尘障也。议论警辟，风格森严。觉从前诸名作，有其豪横，无其峻厉；有其痛快，无其深微。绮秋。

论定古人之文，不必定翻旧谱，只是运掉不同，遂自成一家风骨。受业毓检谨识。

民可使由之，不可使知之

治民者只因夫民，由与知难概使矣。

夫举民所由者而概使之知，岂不甚幸？而无如有可有不可也，治民者尚因夫民哉？

且为上者不容以民为可愚，而多其术以愚之也。亦不容以民为可牖，而故多其术以牖之。夫民各具畏神服教之心，亦何至违上所命而不从其所好。特患导以所宜尽而复强以所不能，则牖民也，而适以愚民，而民终不可得而治。

昔者圣王之御世也，其化理之源既常殷，然相诏以性情之故，而其防限之政，则又昭然相示以率履之恒，曷尝于所由者姑为教之于所知者，故为讳之。谓是蚩蚩者之未足深求哉？而究有不能概使者，何也？诚以所使者，固居然民也。

是惟有四方可甸之俊民，庶于所由者能窥其蕴耳。若犹是林总之众也，彝虽秉诸天，而则祗顺夫帝。是即纳之轨物之中，而尚虞越畔，况其骤语以高深。

是惟有先觉自任之天民，斯于所知者并析其微耳。若仍是颛愚之性也，中自有生而受，而厚且因物而迁易。惟喻以平易之路，而尚足率循，何容遽求其解悟。

盖使不使之权虽操诸上，而可不可之辨则仍视夫民。且夫天人性命之微，原不越乎伦常之显也。饮食教诲之事，非无与于皇极之精也。由即由其所知，虽圣人不能别为途径。知即知其所由，虽愚贱亦自各有性真。安在使民以由者，非即使民以知哉？则亦安在使由而不可使知者，遂必易民而治哉？

然而使民者，初非谓民可由而遂无望其知也。悬鼗设铎之时，何尝不以性天相感触，特既顺民之天而又语以艰深之理，安在解人易索乎？惟于其所可者导之，不于其所不可者强之。若谓尔小民乐贱安愚，固有无庸过责者。此固日用饮食之所以为质也，而化导有神焉者矣。

然而为民者，亦绝不谓可使由而必强为知也。徽典颁书之日，亦惟常以彝训相讲求，亦既遵王之道能自适其浑噩之天，何嫌研穷未至乎？故于所可使者自循之，即于所不可使者徐俟之。若谓我君王立矩植规，究非苦人所难者。此固正直荡平之咸归其极也，而行习有忘焉者矣。

非然者，不使知而并不使之由，清净之说固以误苍生。

可使由而并欲使之知，刻责之深亦只愚黔首。

安知古圣王以人治人、因物付物之自有道哉！

"由"与"知"，道理说得融洽；"可""不可"，界限划得分明。操纵离合，与古为化，仍无不与题相循。濡染淋漓中，安得此细腻熨帖也。少青。

夫子循循然善诱人，博我以文，约我以礼

以文礼示希圣之程，圣教可约举矣。

夫非善诱如夫子，则博约之功无由尽也。以文以礼，回故念循循之教而极不忘欤！

且理之万殊而一本者，原尽人而具也。特无其人以发之，则不能知所当知，行所当行，循序焉以进于道。夫惟从望道之后，追念乎教思之无穷，乃恍然于道之递引而深者，难骤图也。而教之由渐而入者，有真境也。

久矣夫，我自从夫子游，亦几叹道之未易窥而无如我，何也？然而夫子则何尝一日忘我哉？

惟夫子悦心研虑，深念乎两间之法象，莫著于文。而析乎其赜者无终穷，观乎其通者无扞格。谓文固主乎博者也，奈何使我仍安于陋也。

惟夫子矩步绳趋，深见夫万事之范围，莫备于礼。而严弗履之防者无过则，戒不善之动者无越思。谓礼又主乎约者也，奈何任我弗峻其闲也。

犹忆斯时，我方闵闵焉倍形其迫切，而又贸贸焉莫得其指归。将务博而不返诸约，而逾闲荡检，恐误用其聪明。将守约而不先以博，而守辙循途，虑徒拘于虚寂。是文与礼皆无与于我也。而又乌可言博，乌可言约也。不有夫子，则亦将如我何哉？

夫人当冥精相索之会，心以窒而难通，使有能开其悟者，即一话一言凛如圭臬，而况乎其引而伸也。

抑人当躐等竞进之时，势亦穷而将转，使有明示之程者，斯一步一趋皆我准绳，而况乎其巽而入也。

善夫，我夫子之诱人何循循也！

我初不知向者亦刻求诸道，何以渺无所见也。欲骤求其约焉不得也。夫子则不遽约之，而惟举理大物博之数，以供我取携，使循循然因文见道。而窥繁浩之藏，即复礼为仁。而得率由之准，乃知不求诸文而第安孤陋，与仅求诸文而莫得会归者，皆未有以诱之故也。孰若是之善为启迪也哉？

我又不知向者亦泛求诸道，何以茫无所归也。欲徒骛乎博焉不得也。夫子则不仅博之，而复举守约施博之道，以示我检绳，使循循然识官礼之发为菁华。而文皆有本，即知文章之足窥性道。而礼自有庸，乃知不求诸礼而念涉纷驰，与骤求诸礼而仅知寂守者，亦未有以诱之故也。孰若是之善为开导也哉？

子之善诱如此，此我所为心乎道而不能已也。

题为通章关键，颜子终身得力只是善体圣教。文将"博""约"二句倒装在"循循善诱"上，使"夫子"一面，与"我"字一面，两相注射，错综变化，归于浑成。题神一笔不涣散，题理一字不粗疏。蹈虚摭实，两家俱当望而却步。惺夫。

博我以文，约我以礼。欲罢不能，既竭吾才

合博约以程功，其可以力为者已尽矣。

夫文与礼，固递引焉以尽其才者也，至欲罢不能。博与约之功，不已兼尽哉？

若曰吾今而知理之一实万分者，诚觊我于无尽也。顾理无尽，而心之与理相寻亦无尽。心无尽，而力之与理相赴转有尽。合是万是一者而以心与力相倾注，而心自引于无尽焉，而力已极于有尽焉。则甚矣，夫子之循循诱我也抑已久矣。

夫我不自有我之才也耶？顾我有才而或限于闻见，则才匮。或越其范围，则才偏。才匮则考订之间多疑似，才偏则会归之际鲜持循。其何能孜孜不已而善用吾才也哉？幸也，有博我约我者在也。

两大菁英之气，焕为至文。我初不解夫子之道在文，而泥用吾才也。自夫子以文诱我，而我之智虑借以开，而我之聪明借以濬。此即才之所为综核也，而博我者既以此。

千古秩叙之精，毂诸典礼。我又不解夫子之道在礼，而泛用吾才也。自夫子以礼诱我，而我之经曲有必明，而我之性情有必正。此即才之所为就范也，而其约我者又以此。

我用是皇然矣。

夫人苟无鼓舞不倦之神，与吾才引伸于不尽，将识力所趋，绝无途径。虽未必遽形竭蹶，而于文无所用其才，于礼无所用其才者，才亦徒见其有余。

惟当指归既定之后，与吾才激劝于无形，将心性所向，莫馨追寻。虽未敢偶有怠荒，而于文罔不用吾才，于礼罔不用吾才者，才若时形其不足。

然则我而自有其才也，我不已欲罢而不能也耶？文既观其繁赜，礼复观其会通。则于分见合欲罢焉，何以识其分。于合见分欲罢焉，何以期其合。分与合各呈其妙蕴，而弃其广大既不能，略其精微又不能。盖自博我约我以来，而我固已急甚也，而夙夜何能稍懈哉？

我而欲用其才也，我之才不又既竭也耶？文必验其英华，礼必归于笃实。则自同而异，既用吾才以征其异。自异而同，既用吾才以考其同。同与异递引于神明，而泛览焉而才竭，恪守焉而才愈竭。盖自博我约我以来，而我又已窘甚也，而反躬何由自慊哉？

至于有所立而欲从末由，而我若恍然遇之矣，而我惟徐以俟之矣。

体会一"诱"字之妙。"博""约"二句固从圣教指数，"欲罢"二句仍是圣教鼓舞。而"既"字神吻，一是足上，一是拖下，则又颜子工夫之节候也。聚精会神，一气鼓铸。彼枝枝节节而为之者，真觉不免隔阂。放阶姚大勋。

约我以礼

由博而反约，复礼之教切矣。

盖无礼以约之，则文犹虚文也。颜子所由思复礼之教而极不忘欤！

且夫原于太一以殽于不一者，理之本然者也。而统乎不一以协于克一者，又理之当然者也。大圣人举斯人自有之理，以与斯人为范围。其身教者，动容周旋罔不中。其言教者，视听言动有必防。准其当然，复其本然。遂以检束其身心而罔敢越。

今夫务博必观其会通，而多文贵求其体要，此约之说也。而果何所以哉？

神智之引而益出者，尤贵敛而益入。约所为，敛以内心也。灿而著，难必壹而专。其何以汇广大于精微，而藏身弥固？

义蕴之取于不尽者，要贵凝于不纷。约所为，凝以守气也。操而存，犹虞昧而杂。其何以葆辉光于笃实，而德产弥精？

夫不有礼在乎？且夫礼之不可易者，隐判乎天人之界，而非明则不能密为循也。礼之不可已者，显持乎动静之闲，而非键则无以慎为守也。使非善诱者理其绪而摄之使不棼，而我之愚以破。提其总而振之使不散，而我之惰以惩。则虽格致既深，终有汗漫焉而莫知纪极者。而欲统身心性命之故，而约之又约也，岂可得哉？乃今而知子之约我者，为至切矣。

驰于外以荡废准绳，则礼仪失而名教莫能闲，礼意疏而德隅罔足式，约之将无可约矣。约则有非礼弗履者焉。夫复焉，或虞其远。省焉，或愧于私，威仪曷由定命乎？子约之，而务使五常我尽，五典我惇，五事我敬。周规折矩，惰慢不敢设于身。则约之弥简，而一节罔或逾。约之弥赅，而百为得所主。此博文时所未能见及者也。著我诚而去我伪，亦何幸确有据依若是哉？

纷于内以越乎秩叙，则礼主敬而或杂以浮情，礼贵和而或乘以戾气，约之恐不及约矣。约则有以礼制心者焉。夫择善，未服诸膺。为仁，未请其目，庄敬何以日强乎？子约之，而必使人义我修，人情我治，人利我明。闲邪存诚，憧扰无或淆于虑。则约情归性，而礼足管乎情。约性归道，而礼足节乎性。此博文后所必欲交修者也。增我美而释我回，亦何幸克循矩戛若是哉？

此回所由念复礼之教，而益不能忘也。

抱定"善诱"，钩绾"博文"。手眼极高，针缕极密，而谨严沉挚之中仍不失蕴藉停涵之度。读之但觉伟人在座，瞻瞩非常。放阶。

譬如为山，未成一篑，止，吾止也；
譬如平地，虽覆一篑，进，吾往也

自决其进止之机，而进者大可恃矣。

夫止惟吾止，进惟吾往，是成否皆堪立决也。进者能勿奋然哉？

且天下功常建于无所凭，而事多隳于有所溺。古今来英雄豪杰，皆有不容已于世之故。而或以游移迁就误之，一朝失足，后此虽欲自立而无由。而有志自命者，于此则正坚其一定之操，而不挫于万难之势。盖不待群疑众谤时，其挟持已先有具也。

何则两间皆顺境，则时命无权，乃逆也。而以顺受之直无逆之，非顺矣。故材质特昭英武，即困心衡虑，正以增益不能，而断无有坐废半涂之憾。

举念尽歧途，则神明易困，乃歧也。而以一贞之直无歧之，不一矣。故精力倍极发皇，即遭大投艰，要难夺其所向，而已定一确乎不拔之基。

彼所谓为山九仞，功亏一篑者，岂别有人焉为之阻抑哉？特以止之一念误之耳。倘无此止之一念，虽覆一篑，犹往矣，即平地何畏焉。

大抵当世事，贷其责于人者，罔功。

专其志于己者，有济。

宇宙非常之举，断难侥幸以成名。后此之盛德大业，与前此之险阻艰难，实有其两相因之故。故天与以有用之才，天即厄以不情之遇，而志气乃益由抑郁而生。彼止者，特中情回惑耳。借口恃从前之造诣，委心弃继起之修能。至声名败而晚盖无从，抚己已先内愧矣。倘能刻以自绳，亦何至叹事途之瓦裂也哉？

109

古今命世之英，决不因人以成事。一念之鼓舞激昂，与毕生之富厚福泽，实有其隐相召之机。故人叹其自立之难，人莫测其见功之速，而诣力要实自忧危而出。其进也，惟勇往直前耳。置时俗之讥评于度外，立猷为之卓异于寰中。至谋虑成而群伦慑服，在我原无加损也。岂必他有所倚，始能遂英毅之襟期也哉？

止者谁，吾止也。进者谁，吾往也。吾于是乃大可恃矣。夫彼苍付我以登峰造极之才，复何忍代谋于行路。流俗皆同此苟贱卑污之见，更何能裨益我身心。从来有数之才人，天不欲俾之享庸福，而转能使之建奇功者。以此彼昏不知，亦惟有浩叹长吁，茶然中止已耳，尚何足与谈天下事哉？

一止一进，圣言本具无穷策励。文以奋发沉雄之概，作激昂慷慨之词。真足开拓心胸，推倒豪杰。黄东篱师。

嘉庆庚辰岁，始理家事，米盐凌杂，几至废书。明年，拟仍负笈麓山，乃于元日成此篇，并作诗八章，代为千古英雄、饭牛屠狗者洒一副热泪，亦以自坚其志也。绕典自识。

知养恬斋时文钞　下论

后进于礼乐，君子也。如用之，则吾从先进

圣人正尚文之失，因自决所从焉。

夫用礼乐于后进，而犹以君子自诩也，非以从先进者正之，其弊庸有极哉！

且学者生明备后，未可甚薄今人也，而尤当甚爱古人。顾不薄今人，而履蹈未醇或未免为今人圈也。甚爱古人，而节和胥协自无不与古人同。讵曰今大异于古所云，遂不复正之于古耶？

以野人目先进，此其说不知始自何人。而群天下从之，遂若先进之礼乐，有大不适于用者。噫！彼将何适之从哉？

夫律度声音，既潜移于三季之人心，而自成风气。则用一礼，非复先进之礼。用一乐，非复先进之乐。贸贸者无不变本而加厉也。别而白之曰后进，其积习之渐靡已深也。

况风流文采，又炫耀于一时之耳目，而自诩新奇。觉用吾礼，皆先进所未见。用吾乐，皆先进所未闻。彬彬者且谓难能而可贵也。矜而式之曰君子，斯时事之迁流可睹也。

噫！彼将何适之从哉？

而吾也观其波，靡敢自附于大雅之林。

考厥彝章，窃有慕于先民之作。

盖事以踵而增华。标榜者，又市以美名，而风会遂流而不返。吾必显与先进违，吾乃得与君子伍。经流失而顿忘古处，习俗所

以移人也，其谁不投所好以相徇。

而法积久而大备。宪章者，第准诸往哲，斯典型亘古而犹新。吾虽日与后进伍，吾何敢与先进违。泯愆忘而恪守旧章，主持要惟在我也，而何勿抗其心以相赴。

然则礼乐不用则已，如其用之，初何有后进之见存乎？夫末俗之歧趋，范以老成之典则，斯停浇激薄，自有微权。吾不见先进，而精神所寄，尚逾远而弥存。吾日见后进，而侪俗所趋，竟每况而愈下。使一用之而不审慎焉，以挽夫风教之先，吾将何以谢先进已？

则由是从之，岂复有君子之说存乎？夫前民之矩矱，革夫挽近之颓风，即事异势殊，无难更化。吾见后之君子，务外少诚，尽为生民之蠹。因念古之君子，黜华崇实，信为王国之桢。唯一从之而遂丕变焉，以进于中和之域，吾能无望于后进哉？

此吾所为俯仰今昔，而穆然神远也。

认定上截是时人不从先进病症，即是圣人要从先进来脉，故只站在后进地分。"如"字从此得转身，"则"字亦从此下断语。上下顺递，一气相承。开合动宕，纯是正嘉先辈风格。
侄衔煐谨识。

子路问："闻斯行诸?" 子曰："有父兄在，如之何其闻斯行之?" 冉有问："闻斯行诸?" 子曰："闻斯行之。"

论行者必衷诸圣，问答可并志矣。

夫由、求之问行同，而一曰有父兄在，一曰闻斯行之，则答异也。子之善待问也如此。

尝谓闻道非难，行道为难。行道非难，而能于绍闻之初，得训行之准，而不仅欲各行其意，则为难。故惟有安行之圣，而闻道者，皆得出己见以折其衷。亦惟有尊闻之贤，而行道者，皆知奉至教以求其是。此其审端用力，正可于问答间一一详之。

今夫性道文章，惟闻者心知其意。民彝物则，惟行者躬励其修。则夫博闻强识，敦善行而不怠者，正千古之心学，相持于不敝者也。斯亦何待于问，且一再问之不已哉?

挟必行之见，以迫待于所闻。与悬难行之途，以徐俟乎所闻。其闻也，固皆有裨于行者也。则耳熟务期躬任，而道足以臧。道非不说，在圣门原无各异之师承。

当未闻之先，而汲汲于欲行。与当既闻之后，始勉勉于必行。其行也，要皆无负所闻者也。则言教贵以身修，而相期入室，勿废半途，在吾党应有共程之诣力。

闻与行，亦安必一再问之不已哉?

乃一日者，子若顾子路而瞿然也，曰由何竟以闻斯行诸。问也，励贤豪之志，遂忘修弟子之仪，入德不几灭裂乎? 夫由，固自有父兄在，耳惕以有形之诏勉，而在迩在易，范其趋即摄以无象之祇恭。而悖德悖礼，弥其隙愿为由别进一解焉。

一日者，子又顾冉有而不胜罜然也，曰求何尚以闻斯行诸。

问也，奉药石之箴，不获鼓风雷之勇，望道何所持循乎？夫求，既知有闻在矣，学古训以建事前言，固畜德之资，得一善以服膺不息。实自强之力，愿为求深坚其信焉。

夫理道日悬于天壤。由弗以行问而希贤希圣，或转疏立爱立敬之文。求弗以行问而弗躬弗亲，或徒存是训是行之想。得夫子一言，而由若爽然，求若皇然，彼此何非裨益哉？故知函丈有指陈，更何俟读礼而愉婉有仪，访范而沉潜必克。

儒者各自有师资。设以诏求者语由，则忮求之训尚难诵以终身。以诏由者语求，则礼乐之才尚必俟之君子。乃两贤并质，或反其说以相参，或如其说以相示，彼此何尝一视哉？则知身心有至论，又不啻系易而戒严壮趾，诵诗而学懋单心。

然而公西华已窃欲折衷其际矣。

一难一解，俱在下文，故以循题立案，不涉议论为合法。文处处发议论，却处处合题位，骨节开张，筋脉摇动，真有操纵在手，变化从心之乐。受业张国霖谨识。

公西华曰："由也问闻斯行诸，子曰'有父兄在'；求也问闻斯行诸，子曰'闻斯行之'。"

即问行者两述之，圣论有各异焉。

夫或曰有父兄在，或曰闻斯行之。此其说难强合也，公西华故举而两述之。

且学者同堂讲习，行所知而尊所闻，固贵有交勉之功也，而不容有两歧之说。乃共谘询于函丈，而甫聆一说，既若壮往之堪虞。复聆一说，又若游移之足戒。有心者参观于其际，即欲不两存其说，不能也。

日者，由与求各以闻斯行诸问，非好为同也，而问之同既若此。及子告之曰有父兄在，曰闻斯行之，非好为异也，而告之异又若此。维时由无言也，求亦无言也。而默默焉共闻于其侧者，则有公西华在也。

夫使公西华之意，而以壮往为可凭者，则方聆闻斯行诸之问，必且大惬于其心。特以未质诸师承，而尚无定见。而何以有父兄在，夫子已严为戒也。则惊为创获者，此一说也。

抑或以游移为可恃者，则继闻闻斯行诸之问，必且大拂乎其意。谓即进求于圣训，而岂有异辞。而何以闻斯行之，夫子忽迫相绳也。则得诸意外者，此又一说也。

而公西华则又何能默默也？

谓是由前之说，而专命不如禀命，固将率循夫子弟之分，而未可径情。然由闻所闻，由尚他无所闻也。艮其趾而不必壮其趾，即欲别立一说而无庸，而无如子之告求者，乃又如彼也。

由后之说，则要图未可缓图，又将振厉乎豪杰之心，而无庸多让。然求闻所闻，求并未之前闻也。并其心而不敢怠其心，亦复更易一说而不得，谁复料子之告由者，先已如此也。

论苟互异其旨，原不厌于旁参。若乃共遵所闻，共励所行，而忽各判其指归。设令二三子递起相询，不更纷然莫定乎？本谓两端之并竭，究无一辙之可拘，在夫子岂有自相刺谬者？则就其说而并识之，而耳提尚须面命，自有少安无躁之情。心得尤贵躬亲，别有迈往无前之气。

事苟传闻异辞，或不难于互证。若乃彼闻若彼，此闻若此，而又各得诸亲承。借令二三子偏执一说，安必殊涂同归乎？方思共凛夫前言，又复相承以后命，在夫子亦若绝无成见者。则即其说而分著之，而一则存奉命唯谨之意，惟恐矜躁之未平。一则挟请事不敏之心，只觉迂回之可虑。

夫由与求，非犹是闻，而犹是行乎？子必有说以处此。

明是公西氏疑障，稍涉议论。春光偏嫌漏泄，缘"惑"字、"问"字尚在下文，本题只是覆述前事也。摄下意于言先，每于收勒处见手法，挥弦送鸿，文心入妙。受业周开忠谨识。

所谓大臣者，以道事君

道足以致君，大臣自有真也。

夫大臣有其道，而事君以之，此臣之所以大，此臣之所以异欤！

且人君取人以身，而修身以道。是君之驭臣，惟以道为准也。而臣之正君，亦惟以道为衡，引其君于当道。而道有由伸，即防其君于非道。而道无或屈，知此乃可与论大臣。

夫人臣之分统于君，而大臣之志依乎道。臣之大，大于其道而已。

道该乎天地，而阴阳调燮，论道之责在公孤。是所谓大臣非仅以其名也，道有足与名相副者。而裁成辅相，已足动人主恪恭震动之心。

道统于帝王，而因革损益，议道之权归卿相。是所谓大臣并非以其位也，道有足与位相维者。而创制显庸，实能发人主祖述宪章之志。其事君也，亦惟道是以焉耳。

人必无苟富贵之心，而后可以处富贵。守道于穷居，而淡泊可以明志。斯达道于当世，而宠利不居成功。事吾君而坐言起行，有必奉道为周旋者。大臣所为，严于始进也。

人必无急功名之念，而后可与共功名。道存于诚意，正心不以诡随。投好尚道在乎仁义中正，不以夸诈任机权。事吾君而谟明弼谐，有必以道为靖献者。大臣所为，怀以永图也。

大抵君心不可任其闲，闲则声色货利之端开，而畔道于不觉。当夫优游清宴，小臣以为颂祷，而大臣独以为忧危。有道焉，以顺导之。道在敬天，为君谨天戒。道在法祖，为君陈祖训。道在勤民，为君念民瘼。而康乐和亲之颂，必欲与君陈。螟虫水旱之灾，不敢为君讳也。故尧、舜、禹、汤、文、武之治，皆大臣之所责而成。

君心不可邻于肆，肆则性情嗜好之偏胜，而置道于弗闻。当夫意向偶歧，小臣乐为逢迎，而大臣独严为间适。有道焉，以逆制之。道在修己，为君资启沃。道在用人，为君慎激扬。道在行政，为君勤献替。而礼乐征伐之大，惟君正其纲。起居嚬笑之微，并愿君谨其失也。故皋、夔、伊、傅、周、召之勋，皆大臣之所宣而著。

如道有不行，亦惟重吾道而已。此千古臣极所由立欤！

"道"字说得正大，本位便写得足。"道"字说得谨严，下意便含得住。抱膝长吟时学问，鞠躬尽瘁时事功，此物此志也。义精词卓，铄古切今，小儒不能道其只字。受业赵笃恂识。

莫春者，春服既成。冠者五六人，童子六七人，浴乎沂，风乎舞雩，咏而归

随其时而志见焉，志之所由异也。

夫点之见志者，即在服春服，偕童冠，以风浴，咏归于莫春时也，志何弗异耶？

且境日与心相触，而心先与境相违，无惑乎，随所往而不能自适也。夫心何所拘乎境，境亦何容待于心？即当前之所值，而适有其惬心之时焉，同心之侣焉，赏心之事焉，则其境在而心之自适。其适者，亦随境而在。

点之志何异哉？

万类之相见以天也，寒燠容有异候，居偕容有异人，游息容有异地，俯仰间皆化机之洋溢。而适其天者，正不必遇以成心。

万事之各随所遇也，候异而物之应其候者，因之人异而人之聚以类者，因之地异而地之移我情者，又因之耳目间皆至理所昭宣。则欣于遇者，要不容诬其本量。

点之志果何异哉？

念阳和之代谢，而曰维莫之春也。快安燠之适宜，而曰我服既成也。此非点所得私也，而共斯志者，非即此冠者、童子耶？或五六人，或六七人，不熙熙然皆春中人耶？

值春水之方生，而沂自悠然也。仰春风之和穆，而舞雩自寂然也。此非点有所择也，而适其志者，又岂仅风且浴耶？可咏则咏，可归则归，不且融融焉得春之意耶？

必高其见以自许，谓非其时而志犹未达，非其人而志尚未孚，非其事而志仍未遂。则志将有待而终悬，而究何容待也。夫身世之遇何常，彼远而期诸异时者，岂近难验诸当境耶？时可乘，而

莫春、春服即其时。人可与，而冠者、童子即其人。事可乐，而风浴、咏归即其事。目前之感触，悉与心性相缘，则偶举一境焉。而天怀要无弗畅也，而岂必好为其异也？

必执其见以相期，谓过此遂无适志之时，舍此并无合志之人，外此别无得志之事。则志以有所拘而不化，而究何容拘也。夫造物之藏无尽，其约之一心而有余者，岂推之一世而有不足耶？不必莫春、春服，而时惟相其宜。不必冠者、童子，而人皆同其乐。不必风浴、咏归，而事惟适其情。内念之感通，隐与气机相应，则即易一境焉。而此衷要堪共喻也，而何事深讳其异哉？

观宇宙之甚大，而万汇皆可取诸怀。

念民物之相关，而一室先可明其志。

点之志如此，如有知点者，点即举以相酬可乎！

曾氏非耽情石隐，亦非恣意达观，只是胸次悠然，见得现前境物，都是化机，都是理趣。知不知，尚未着个计较也。就题发挥，不作一粘滞语，恰肖狂士口吻，恰是圣门学问，躁心人未易领取。少青。

为国以礼

探为国之本，而有礼者足尚已。

夫国非可以率意为，而为之自必以礼也。不可知为国之本欤？

且人惟究观夫功名所从出之原则，即为所优为。要自有相为，于无相为者焉。夫国于天地，必有与立为国者。同天地之节，而不容陵节。知驭世之无所恃才，协天地之中，而罔不设中。知经世之不可废学，斯治道可一言括也。

由非有志为国者乎？顾欲验所为，必观所以。夫亦曰先王所禀于天地，以为其民者，礼而已矣。

谓动作威仪之谓礼，体国何以重六官。谓俨恪严威之谓礼，和国何以详六典。经曲外别无干济，知出之以逊者，意甚微也。

谓礼著于共由，何以损益质文，难求经国之选。谓礼原于无体，何以周旋进反，亦觇华国之才。陶淑中自具化裁，知用之以和者，道足贵也。

以云礼也，谓非为国者所必以哉？

且夫礼之原于太一者，不俟有为而始见者也。

而礼之不去斯须者，不以无为而或废者也。

万事之纷至沓来，而迫待于为也。浮气乘之，戾气遂从而中之，礼则有任理不任气者。而理得，而气无不平焉。撕播顺摭，既确得其据依之处，则不于手足之烈争所为，而必于敦崇之实课所为。是以有为为之，究无非德产之精也，而涵养乃独极其醇。

万众之角技呈能，而尽欲有为也。径情行之，矜情遂莫从而制之，礼则有养性以养情者。而性尽，而情无不顺焉。庄敬和乐，既各妙其施措之方，则不必作其意以炫所为，只欲澄其心以观所为。是以无为为之，究无虞旧坊之废也，而酝酿乃弥形其厚。

则勿谓际抢攘者，不必议礼也。循秩叙以弭阴阳之患，国乃可安，而亦可危。而社稷人民，悉以礼为维系。试观秉礼见美于仲孙，而国本以固。名礼极推乎御说，而国难以平。彼宫庙间之雍雍肃肃者，果何如郊治也哉？

则勿谓讲步伐者，无妨弃礼也。戢干戈而修俎豆之文，国乃可静，而亦可动。而策勋饮至，罔非礼所范围。试观示礼而大蒐有典，为之必出以纡迟。说礼而元帅可谋，为之亦昭其整暇。彼君臣间之穆穆棣棣者，是何如意象也哉？

由奈何以不让之言与也。

让者，礼之实。看下以不让晒，由可知此"礼"字，即从"让"字得真诠也。仰承俯注，处处关合，率尔节正，处处击动。下二句高文伟义，都从细针密缕中来，知其酝酿者深矣。受业陈远隆谨识。

克己复礼为仁。一日克己复礼，天下归仁焉

仁自有实功，可进征其效矣。

夫己未克，礼未复，未可言仁，乌可言归仁，则安得尽其功于一日者，与之验其效于天下乎？

且先难后获者，仁也。然天下无不难而获之仁，亦无难而不获之仁。要惟求仁者，祛其累之纷然，完其性之本然，决其机之必然，遂以证乎理之同然。夫是，故观所难而仁见者，观所获而仁愈见。

尔问仁乎？今夫仁，固天下所共有之仁也，亦即天下所共赖之仁也。然欲证诸天下，必先求诸一心。盖心之浑然者仁，心之显然者礼。而其越乎礼，以累乎仁者，则莫若己。

理欲交战之区，礼与己常相敌。相敌而己胜，己胜而仁危。克之而理伸者，欲无权，是先天下而祛其累也，而吾心乃不流于妄。

天人各判之界，己与礼多相违。相违而礼远，礼远而仁失。复之而人尽者，天自见，是先天下而完其性也，而吾心乃渐进于纯。

是必克焉复焉，而后可为仁也。然即克焉复焉，而犹未敢自信为仁也，岂遽期诸天下哉？虽然，诣力之难凭也，一息偶懈，天理或不行。六合云遥，人情非易洽。怀愿力以刻自期许，有危心何尝有幸心。而理境之遥深也，上哲岂无人欲，而去之自不留。下愚亦有道心，而返之皆不远。即性情以默为，感通有实功，何尝无实效？吾见克复而仁自归焉矣。

即以一日期之，而机固有必然者矣。梏亡者日甚一日，致力固维艰。存养者日深一日，程功亦弥易。举毕生之重任，积而望

之崇朝，而崇朝固已可据也。绝之必严，刚克柔克弭其隙。求之必力，敦复独复返其真，夫何难征诸旦暮也哉？

　　且以天下验之，而理固有同然者矣。一念去私，与天下共防乎同念。一心存理，与天下相见以天心。持一室之暗修，出而质诸寰宇，而寰宇固已可通也。不出户庭，而万物有归怀之乐。不分畛域，而四方惬归往之忧，又何至隔以形骸也哉？

　　夫存遏皆关定力，既果确而无难。

　　寂感惟在渊衷，不移时而辄应。

　　盖至一日，而天下归仁，而克复者，乃益可自奋也，此其功岂外求哉？

　　为仁工夫，从克复勘入归仁效验，即从克复推出。理融洽而意联贯，一日机括，与天下消息，都在此领取也。理精法密，格老气清，一切颟顸语，直扫除个尽。受业王曜辰识。

非礼勿视，非礼勿听

严非礼之防者，于视听先致谨焉。

夫视与听之非礼，所失者已不仅在视听也。勿视勿听，防之可勿严哉？

且自耳目之官不思，而常蔽于物，此岂物之果易蔽哉？亦我自受其蔽焉而已。诚使于物之交，物力严乎邪正之辨，而因以不物于物，显绝乎声色之缘，则耳目殷心，而自不敢与心为蔽。

今夫仁之循循于理者为礼，至违乎礼而不能自克，斯非礼出焉。其疢隐中于心志之微，而其弊先锢乎聪明之用。则视与听，顾可忽乎哉？

第摄其心于无形无声之表，谓心之与礼相依者，不见而自图，不闻而亦式，似足澄清乎视听之源，乃无如由寂之感者，已忽不自禁也，则濡染者微也。

即单其心于共见共闻之地，谓礼之与心相制者，明可以作哲，聪可以作谋，似亦力祛乎视听之累，而无如因疑成误者，又递引于前也，则睹闻者杂也。

吾见一有非礼，而视与听若招而致之，而忽不知其所自起焉。目所逆者神先注，色亦自忘其邪。耳所属者情自移，声亦并忘其恶。则未视未听之先，且若虚构其端倪，以为之牵引。而欲其收视反听也，则致力已难。

且视与听若追而逐之，而渺不知其所自终焉。目所遇者皆成色，而眩目者愈惑于心。耳所得者皆成声，而惛心者愈湮于耳。即弗视弗听以后，且若隐留其意象，以困我神明。而欲其视远听德也，则程功岂易。

勿之哉，毋谓非礼者不能蔽我之明也。自来声色之感，愚鲁者或过而辄忘。而一投于机敏之怀，每入焉而易溺。倘不能戒慎所不睹，而所睹或忘于细微。不能恐惧所不闻，而所闻或疏于俄顷。欲自恃其聪明，而适以贻聪明之累。无他，明也，而非至明也。则何若显微无间者之实能审其幾哉？

毋谓非礼者无难持之以健也。自来声色之累，委靡者或付以无心。而一出以刚毅之情，则又流焉而忘返。使审所见于众著之地，而幽独难质帝天。凛所闻于寂处之时，而当境莫闲。倾靡谓不役于耳目，而已弛乎耳目之防。无他，健也，而非至健也。则何若内外交修者之实能致其决哉？

试更进，求诸言与动。

　　紧靠视听生义，自无一语可移混。下文妙在处处作反扳，只于后幅一笔兜转，于"勿"字之神最为吻合，亦更觉有力，钝根人未许骤解此窍。惺夫。

非礼勿视，非礼勿听，非礼勿言，非礼勿动

严非礼之防，以克之者复之也。

夫视听言动，而有非礼焉，皆已也。克之而仁，岂外是哉？

且心之载乎理也至虚，而即有随感而入者以蔽之。理之存于心也至静，而即有缘感而出者以纷之。夫使蔽之纷之，而吾心不能以相胜，则未有不淆其至虚至静之宰，疏其或出或入之防。而遂悖吾仁，而日即于非礼者。

夫以心之难守以寂也，恒载其礼以俱显。故验之作哲作谋而礼存，验之为律为度而礼又存。似礼亦显，设此泛应曲当之规，以课此心之疏密。

而以心之易汩其初也，常背于礼以相驰。故失之目治耳治而礼微，失之口过身过而礼愈微。似心又迭出，其纷纭憧扰之境而难，必此礼之持循。

曾是视听言动而可有非礼乎哉？尚其勿之。

当未视、未听、未言、未动之始，礼实即心以为闲。顾以为闲，而即有逾是闲者。微判其间，安禁非礼者之隐相蒙乎？勿之而先有以察之。将察之于至暂，则忽视、忽听、忽言、忽动者，必谨其幾。察之于至常，则当视、当听、当言、当动者，必守其范。其著于形者，皆其受治于未形者也。逆而制之，廓如也。

迨既视、既听、既言、既动之后，礼可因心以作。则顾作之则，而即有违其则者。歧出其间，安禁非礼者之显相戾乎？勿之而实有以决之。决之以至严，而一视、一听、一言、一动，必立其限。决之以至密，而随视、随听、随言、随动，必绝其缘。其物于物者，皆当授权于物物者也。力为纠之，裕如也。

夫视听言动有其天，而非礼则自天而之人，然人究能胜以天

者也。我无一节，焉敢与礼相违？自无一息，焉不与非礼相绝？至绝之尽，而声色必准礼而交，枢机悉循礼而发，因克以为复，天德乃历昭刚健焉。

抑视听言动有其性，而非礼则性之狃于习，然习究能反于性者也。我诚分端焉，以与礼相丽。即递验焉，而可与非礼相防。至防之久，而聪明皆礼所范围，坊表一礼之昭著，即克而即复，性功自弥形纯粹焉。

回欲为仁，亦惟于此加勉焉可。

"非"字勘得细，"勿"字下得定，礼与非礼剔得清，仁与礼打得融恰，是克己工夫，恰合乾道身分。笔清超而文奥衍，炼题铸局，妙入无痕。玉衣。

足食，足兵

政莫要于食与兵，为天下谋其生而已。

夫非食与兵之各足，天下何恃以为生乎？论政者固莫要于此。

且《洪范》言政食，与师相始终，《周礼》言政兵，与农相表里，此非仅以侈富强也。人受天地之中以生，而不能自生，惟为上者定其养生之策与卫生之谋，而遂以持政之常经于不敝。

赐问政乎，夫天下之生已久，亦惟恃有政焉，胥匡以生而已。

生之理，根于性，原不待坐困于厄穷之地。始为草野，计生全而政固。有生全之者，制国用以三十年，知王业必开于稼穑。

生之命，制于天，原不待尝试于险难之中。始为闾里，谋生聚而政固。有生聚之者，示威棱于千百国，知皇躬亦省以干戈。

则亦安有食与兵不足，而可与言政者乎？特是言兵食于今日，亦极未易足矣。

自井田之制废，而戎车是利，蹂躏之地尽污莱。自征伐之柄移，而保聚未遑，制梃之徒无暇日。故前之人，有田一成，有众一旅，尚足以振中兴之业。后之人，饷支十年，甲载百万，反不免有积弱之虞也。此季世之政荒，而生机日蹙也。

自宣公初税亩，贻楚开厚敛之端，而取食之编氓已困。自成公作丘甲，畏齐启穷兵之衅，而执冰之士气亦瘵。故前之日，糗粮在三郊，公车夸千乘，尚足扬骊马之休。后之日，季康访田赋，季武议改军，反至重无鸠之叹也。此我鲁之政弱，而生计益穷也。

惟然而食，贵有以足之。且贵举食之养兵者而尽足之。王者以田制为军制，欲教战，不外教耕，非好逸也。有事修我戈矛，即此三时不害之众。无事峙乃钱镈，常有百年不用之兵。迨至准丰年中年无年之法以均役，准上地中地下地之法以征徒。则考牧而畜产足，居室而积储足，出车而戎马之用又足，秉耒者谁非劲旅乎？惟导以生生不息之机，而井之养可不穷，即师之正能用众。

抑兵，必有以足之。且必举兵之卫食者而益足之。上世以农功缵武功，不患贫，更何患弱，非黩武也。守望而人知御侮，即国家时雨之师。止戈而兵亦称祥，即田野丰年之兆。由是本武王之七德以丰财，本公刘之三单以定制。则峙于郊而刍粮足，行于途而囊橐足，输于邻而泛舟之粟亦足，于役者何忧饥渴乎？惟定以生生是庸之策，而归司马之调发者愈简，即受司徒之休养者愈多。

由是而民无不信，政不以是备乎？

食与兵，本末源流，通盘打算，见得圣贤言政，不入孙吴桑孔窠臼。舍下意能争上游，诠本位能打实仗。禀经酌雅，允矣鸿裁。李清江师。

主忠信，徙义

心学有全功，主与徙宜交勉焉。

盖忠信者心之诚，义则心之制也。主焉徙焉，学者其审所致力哉！

今夫人心未与事接，而伪妄参焉，则失其所以为心。心既与事接，而适莫形焉，则夫其所以为事。夫所贵乎心学者，谓其操之于心。而心存达之于事，而无心不存也。则试就张所谓德者而实验之。

夫学者有始基之地，不植其基，无由守而弗失也。学者有递进之程，不期其进，无由安而能迁也。吾尝程其功焉，曰主曰徙。

一意未萌，先患其意之不实，忽出入之防而无以主之，客感乘于内而心漓，朋从扰于外而心杂。天君见夺，夫谁得而持之也，此其弊在不忠不信。

万念迭起，又患其念之无归，乖进取之方而无以徙之，拘于墟而见善不从，封其域而不善不改。正路弗由，夫谁得而导之也，此其弊又在不义。

庸讵知一念蕴于真实，即可对天地而格鬼神，而况其固而存焉者乎？以先入者为主，而私意不参。以有常者为主，而机心自息。惟忠信见存诚之学焉。

一端不涉依违，即可辨是非而轻利害，而况其曲而赴焉者乎？以有定者为徙，而充之至尽。以无定者为徙，而精可入神。惟义得迁善之机焉。

故勿谓意愈广才愈高，心以纵而易逝，遂难与言忠信也。百为未动之初，先以勿贰勿疑者，默操其真宰。将意无敢任，必守之以至诚。才无敢矜，务敛之以至实。树根株于不拔，而性情学问，皆确有所据依。则忠为主，而不同饰忠信为主，而亦不同小信也。斯诚真实不欺者已。

又勿谓道求远事求难，心以执而鲜通，遂难与言义也。一念甫形之始，常以不为不欲者，递审所持循。将迩皆可远，遵其路于无偏。易而非难，方诸外而皆利。开境地之屡迁，而常变经权，绝不邻于邪僻。则于非义者徙之，而慕义殷。且于似义者徙之，而为义勇也。斯诚攸往咸宜者已。

德之崇也，以此张也，可勿勉诸？

忠信义，审得谛当。主"徙"字，发得透切，此文家朴实头地。而炼意、炼局、炼词、炼气，能于融湛中见刻挚，平衍中见欽奇，真功深养到之作。惺夫。

通首不呆发，忠信义一语主"徙"字，作作有芒。兄岭松评。

居之无倦，行之以忠

合居与行以论政，道在一诚而已。

盖无倦者诚所存，以忠者诚所发。即居与行以实求之，政不由是立与？

今将举纯王之治理，渊然摄之以一心，亦秩然达之于万事。则必使心之所宅，隐括乎事之本末以相赴，而罔或不勤。而事之所操，又适准乎心之密勿以为程，而无载尔伪。斯千古为政之源流统此矣。

今试分验之于所居所行。

宥密者，万化所基，不力制于绝续之交，则源未裕，安能淬厉其神明？

纲纪者，精神所寄，不厚培以深醇之气，则本易漓，讵足经纶乎府事？

居易倦而行不忠，尚何足与言政哉？

张诚能惟厥攸居者，则知倦生于偶怠。而以敬胜怠，精心必有以贯之。以居握行之要，则一日二日，罔非兢业焉。以居妙行之施，则维时维幾，必防丛脞焉。当其凝神深远，纠虔自在无形。而已为事之有形者司其契，故慎厥与惟终始。太甲以倦饬其初典于学，亦惟终始说命，以倦绳其后也，而何弗凛凛也。

张诚欲惠可底行者，则知忠本于无欺。而以慊戒欺，实力必有以充之。行率乎居之真，则心腹肾肠，聿告厥志焉。行达乎居之蕴，则翼为明听大宣乃心焉。当其刻意经营，谟猷征于有象。而实与心之无象者会其原，故帝德曰允塞。即修和而忠以昭王猷，亦曰允塞，验官礼而忠愈显也，而何弗肫肫也。

极志气之精纯，无倦亦依行以见，然必有先行以制之者。盖思永谋长，实属单心之事。迨涣厥居，以垂为典，则经纪敷锡，祇以自绘其渊衷。则无逸志，亦无匿情，非徒凛弗虑弗为之戒。

极性情之恳挚，忠亦居所必存，然有不徒与居相协者。盖宜民经世，胥关诚正之功。至循所行，以课厥本，原几杖盘盂，早已自惩乎豫怠。则为性功，即为治典，要足征实心实政之全。

为政者可弗勉与？

二句各还实义，却于体大思精之中，见绮交脉注之致，一切居心行政门面语，扫除都尽。而风格苍坚，气味淳古，令人钦其宝，莫名其器。受业商昌识。

真理真气，精确似思泉，浩瀚似太仆。受业郝彦圣识。

季康子问政于孔子。孔子对曰："政者，正也。"

执政者未知政，圣人明示以正焉。

夫不明乎正之义，则政为虚设矣。子故于康子之问而切示之。

且为上者，有专政之势，具敷政之才，而究未深求乎立政之义。则虽日举政典而陈之，而古大人经世宰物之原，所为措之则正者，终不大白于天下。

不然，我夫子以正心明圣学，即以正直懋王猷，立道绥动，皆守至正而无为者也，而究不获举国政而图利之。夫亦执政者未讲求乎政之故欤？而幸也有康子之问在。且夫政之权日替，而政之义不明。政之义不明，而政之本愈无由见。

国是陵夷而政以弱，多门僭窃而政以庞。即象魏岁有悬书，谁则深悉乎政者？

习于怠忽而政以荒，严于驱迫而政以敝。即方策尚存成宪，谁是凛然于政之所以为政者？

子曰：子大夫有意于政，抑知政之不外于正乎？

正与公类，顾政出于大公者，仁之量。政要于至正者，义之归。悬其矩以絜之，此义讵容假借哉？夫文告本非粗迹，苟不准于正，先王安贵有发政之条？所以蒙言养正，而政教彰师言，众正而政刑备。

正与中同，顾执中以运政，则惟一惟精。守正以莅政，则无偏无陂。定其轨以范之，此中讵有歧趋哉？夫规为非仅具文，苟稍乖于正，先王安贵有布政之典？所以履言刚正，定志而政绩昭。观言中正，省方而政端饬。

上古政详于天事，中古政详于人事。政各有升降，而惟正足协乎克一之心。试观政在工虞水火，一正而德懋修和。政在食货宾师,一正而道无反侧。畴非以正为推阐者,我宗邦报政,曾以三年矣。而费誓警常刑,泮宫隆德教,不犹见咸,正无缺之规也哉!

采风诗而政被闾阎,肆雅颂而政陈朝庙。政各有贞淫,而惟正适合乎无邪之旨。试观正好恶于缁衣巷伯,知政不外性情。正纪纲于天保采薇,知政赅乎内外。畴非以正为纲维者,先大夫秉政,已经三世矣。而成季间两社,行父相三君,不犹见好,是正直之遗也哉!

于大夫亦惟以表正之修,经正之实,反而自问焉可矣。

说"政"字易肤浮,而文偏切实。说"正"字易枯窘,而文偏丰腴。是真精气内充,宝光外溢者。汉城。

攻其恶，无攻人之恶

攻恶之专者，力无旁及也。

夫有其恶而急欲攻之，遑计夫人，遑计夫人之恶？此攻恶者所为，必无旁及欤？

且吾心本无所谓恶也，自心之职旷，而恶据焉。自心之职纷，而恶愈扰焉。心与恶遂交战于中，而未有已，惟绝其恶而不与心为缘，即壹其心而常与恶相克。克之，而此心已无余事，而又何有旁骛者之纷吾心，以旷吾心也。

然则，人而不能崇厥德以底于无恶。及恶为其恶矣，而始从事于攻，此其恶尚堪自恕哉？

恶为柔恶，则必尽攻昧之识以攻之。夫我先自昧，而不昧者幸留此。攻之之一心，稍缓须臾，昧者将终昧矣，何弗启其昧而会以清明。

恶为刚恶，则必矢攻坚之力以攻之。夫锢者既坚，而摧坚者忽发此。攻之之一念，少为观望，坚者将愈坚矣，何弗破其坚以力加断制。

其恶之宜攻如此，而犹暇沾沾焉为人之恶计哉？特仅以为有其恶而攻之，则犹未见。攻恶之全神注而不溢，为能充夫攻之量焉耳。

大抵攻之云者以气胜，先以理胜。气浮而理不足以固之，则内有溃其防者矣。

抑以意争，尤以力争。意杂而力不足以兼之，则外有挠其势者矣。

我惟挟自反之缩，以力战夫天人，而此外更谁有树之敌者？夫攻之亦惟致决于我者，为足据耳。恶与恶相循，攻者无可宽之瞬息。恶与恶相积，攻者无易绝之根株。幽独中曷敢稍留余力哉？而犹欲分其力以与人相抗也，是恶本丛生，而反移攻之势，以预留其隙，则隙将何时弭已。

我惟奋英毅之思，以力祛其锢蔽，而此外更谁有树之援者？夫攻之亦惟独决于我者，最难弛耳。恶万变而不穷，攻者尚壹乃心力。恶一时而毕集，攻者惟奋我神明。隐微中何尝稍有暇心哉？乃犹欲分其心以与人相角也，是恶本难克，而又纾其攻之势，以自坏其闲，则闲将无以自立已。

盖至廓清摧陷，并其攻之之力，以独往独来于一心，而内见有己，外不见有人也。而攻其恶者，乃畅然矣。而恶之为所攻者，乃益释然矣。谓非能修慝者欤？

缩下句于上句之中，已恶人恶破，作两层；攻与无攻，圆成一面。精心团结，全力搏捖，文之最有神光者。受业张锡庚识。

处处为"攻"字选声设色，羚羊挂角，妙于无迹。弟绕籍。

曰："焉知贤才而举之？"曰："举尔所知。"

人不必尽知也，当先不负所知矣。

夫贤才，非知之难也。欲举而概欲知之，盍即所知者先举之耶？

且政莫先于知人，而士常伸于知己，此人才登进之机也。特患奢其愿以求之，而轻其心以置之。遂使士之欲伸于知己者，反为知己屈焉。则士气之不伸，实先自求士者始。

子与仲弓论政，而终以举贤才。诚以士具过人之识，方欲举一世之贤才而尽知之，即欲统所知之贤才而尽举之，特无如知者我为政，举者不自我为政耳。而至于为宰，则何患其难知，患其难举哉？

而仲弓已窃窃然虑其知之难矣。谓即知而即举，心固无疑。未知而欲举，意将安属。故或知在朝市，无由知及山林。知在闻人，无由知乎潜德。其于举之心，终未惬也，而焉能知之？

且正虑其举之难矣。谓知及之而不举，固失之疏。知未及而漫举，又失之妄。且或知之者浅，无由知其隐微。知之者希，无由知其周遍。其于知之量，终有歉也，而焉能举之？

子曰：有是哉！

尔第虑其难知，不复虑其难举哉！幸也，尔诚有心于举者也。借非能举，何以挟激扬之隐愿，而日事旁求？惟其举之切，愈欲知之周。则所知殊难满志，此固尔愿之甚奢者也，吾当为尔谅也。

然而尔不虑其难举，尔顾虑其难知哉！惜也，尔殆无意于举者也。使其能举，何以置耳目之所周，而别言延访？不咎举之疏，徒咎知之狭。将所知悉属空谈，此又尔职所宜尽者也，吾难为尔宽也。

尔勿长虑焉知也，尔还自问所知也。

尔诚举之，则鲁之政先得，尔所知者维之，宗邦实多君子，尔岂绝无知交？顾知之而莫能举，知亦徒多。知之而即能举，知何嫌少。惟尔先树以风声，则三策之书，不仅藏尔已绝妨贤之弊。三耦之数，无难具尔已倡好士之风也。是尔于所知者，适见鼓舞之有权也。

即季之政亦先得，与尔所知者共之，私室不乏人才，尔岂漫无知遇？况知之平日，举者已在意中。则举之一朝，知者岂出意外。惟尔即力为扳引，将出甲如仲由，皆与尔共宣其力。用矛如冉有，亦与尔各奏其能也。是尔于所知者，已见遴迪之不虚也。

此而犹有虑其难知者，是仅以一人之耳目为耳目也。犹有虑其难举者，是仅以一人之激扬为激扬也。则仍望尔为天下倡也。

仲弓恐难尽知尽举，夫子因言随知随举。题本针缝相对，文亦呼吸相生。一气舒卷，遂觉胸如镜，而笔如环。印滨。

子谓卫公子荆善居室

卫大夫之居室，圣人特许以善焉。

夫居室难，公子之居室尤难。子之以善许荆也，意深哉！

且天下之本在国，一国之风会，恒自有家者开之，尤必自世禄之家主之。我夫子统观乎家国天下流失败坏之故，而欲举一人焉以大为之坊，则观法者必近自居室之际始。

今夫居室非细故也。

金木土谷之菁华，日流转于天地之中，而聚散若无专属。若引而近之于室，则适足以偿无穷之欲，而私之者每丛其怨于一身。

赢绌盛衰之变幻，常杂呈于今昔之候，而欣厌亦无定情。至循而省之于居室，则易启其计较之谋，而溺之者直济其贪于一世。

我观春秋时贤士大夫，不避嚣尘，如晏婴之宅。无藏金玉，如行父之家，是固不欲为居室计者。否则晏安鸩毒，有肆情于服御起居而已矣。

又若随会之家可治，而惟利其君。罕虎之家可庇，而惟听诸友，是皆不仅以居室称者。否则象齿焚身，有适志于席丰履厚而已矣。

荆之在卫，虽亦称翩翩浊世之佳公子哉。而以言居室，则或移气移体，恃以长怙侈灭义之私，未可知也。且或娱心志悦耳目，以炫耀于左右诸大夫国人，亦未可知也。而子乃独褒之曰善，此何谓哉？

盖尝就公子之势位衡之，秦公子夸千乘之车，楚公子侈二戈之卫。而地也马有四而嫌生寮寀，元也乐振万而擅处王宫。鲜礼陵德之愆，一室早开其渐，荆之善乃究不以势位掩也。则以挽贵族子弟之颓波，必有存乎居室之先者也。而献子之室何尤，襄子之室何惧，荆不已加人一等欤？

　　又尝就卫之时地论之，公子郢方高逊让之风，公子朝已启骄淫之衅。而子鲜辞灶利而仅隐木门，州吁恃骄奢而致干国纪。沃土不材之习，巨室实肇其端，荆之善乃究不以时地殊也。则以存酒诰梓材之遗泽，当必有超乎居室之外者也。而成之居室失于骄，发之居室免于难，荆不又独标一格欤？

　　是可就其善者递观之。

　　只就谨身节欲上推开一层，便见家国天下，一切骄奢流弊可以挽正，此圣人立言深意，即公子荆持身真际也。觑定此旨，推波助澜，卓识伟论，运以疏落古雅之气，迥非时文伎俩。龙溪。

为君难，为臣不易。如知为君之难也

明君道之难，而深为知其难者幸焉。

夫君之难与臣同，而第恐为君者之不自知也。子故深有望于知之者。

且自来君人者，不敢自谢者其责，不敢自恃者其心。特患以幸心尝之，遂至终于弗悟耳。夫责为百职所共分，而心则一人所独运。以一人倡百职，而凛然其不自恃焉。则其心之不自恃者正，其心之大可恃者已。

人言何善为君戒乎？臣尝见夫为君者，有不自满假之量，而满假者不知也。有不自暇逸之功，而暇逸者不知也。有无敢昏逾之志，而昏逾者又不知也。人言何善为君戒耶？夫君之道为而已矣，为之道难而已矣。

开国之君，难于谨其始。守成之君，难于保其终。为之一日而难，为之百年而愈难也。此一言也，乃遂举艰难之业，为吾君先警于堂廉。

帝之为君，其难曰无荒。王之为君，其难曰无逸。有为为之而难，无为为之而亦难也。此一言也，乃更取责难之义，冀吾君独劳乎宵旰。

其曰为君难，此固专言为君之难也。且曰为臣不易，此又兼言辅君者之难也。而知之者谁也？

然则其难也，固尽人所宜知者也。万几之丛脞，积而成一念之忧劳。将百志维熙，皆足赞乎我王之勉勉。其迫于所为者有尽境，其悚于所知者无尽期也。而畏其难者，不及知也。

然而其难也，又为一人所独知者也。庶务之精神，持之以寸衷之抑畏。即百官修辅，要必赖乎厥后之明明。其惕于所知者有实心，斯策于所为者皆实政也。而忘其难者，亦不知也。

如其知之，则即以知天者知之，天命之难谌也。人主有怠心，则见为易，不见为难。无由与天心相契，兹何以钦崇独切乎？上治安之策，臣犹交勉以难。杜骄泰之萌，君岂仅图其易。向特虑一念矫诬所为者，隳于冥昧耳。今而天诱其衷也，是无日不凛天位之艰也，而克明之主，极先得于所知概之。

如其知之，又即于知人者知之，小人之难保也。人主有骄志，则见为难，亦视为易。无由与民命相维，兹何以轸念独深乎？陈匡济之谟，臣既为君谋其易。切恫瘝之警，君犹虑臣惮其难。向亦患无心康乂而为者，日即怠荒耳。今而为民请命也，是无时不凛民岩之畏也，而克艰之实德，即可于所知期之。

邦之兴也，不即决于难之一言乎？臣愿君思其难而自奋也。

从"为"字看出"难"字实际，即就"难"字逼取"知"字真境，上下融结，一气流行。而于"为臣"句，正叙兼绾，顺递逆挽，旁见侧出，其出没变化之妙，不可端倪。斯谓绝大识力，绝大神通。受业于凌云识。

一笔不放松，而气偏宽裕。一语不泛设，而义偏恢宏。郢人斫鼻，原非小技。侄衔炳谨识。

欲速则不达，见小利则大事不成

实指为政之弊，求其能达与成而已。

夫政之达，难以速致之。大事之成，不容以小限之。不祛其弊，政岂能达能成哉？

且古圣王立政，其四达不悖而曲成不遗者，固行之万世而无弊者也。自夫人以躁心乘之，急于求治，而治功阻。自夫人以褊心囿之，轻于望治，而治绩隳。挟目前苟且之计，而忘悠远博厚之规，其弊盖有不可胜言者。吾戒女以欲速见小利，诚以政也者有不疾而速之机。顺其机以导之，而政乃达有不言所利之要。握其要以图之，而政乃成。

谓化驰若神，惟速益形其能达。何以摩义渐仁，移风必俟诸三纪。政之达也，初非迫致矣。乃经邦未有永图，课绩辄求捷获，则机已窒也。

谓守约施博，积小亦足以观成。何以讦谟定命，宏猷必规诸万年。政之成也，不尚补苴矣。乃肤公未能丕奏，小物自诩克勤，则识未周也。

而尚望其能达哉？而尚望其大事之成哉？

然而欲速见小者，且自以为能达能成矣。疑王道之多迂，而效必期其立睹。谓宏纲之易举，而意无患乎拘墟。安见政达于朝野上下，非即一朝夕之图。政成于礼乐农桑，非即一手足之烈也。

然而不达不成者，正限于所欲所见矣。不静其心以相摄，心以扰而必纷。不扩其量以相图，量终局而不广。岂其刻期求达，而推行之势尚无阻于崇朝。侥幸图成，而鄙琐之情尚能康乎庶事也。

盖未入政之先，百为克开而皆可达，万幾待理而皆可成。论政者必先观其器识。夫器识所限，其弊有莫能掩者矣。久大之业，尽人可为。而多欲锢于内，则治之易梦。浅见狃于中，则持之易满。是不待事为之众著，而不达不成者已定，为必至之符也。生于心者害于政，可勿防急功近名之念也哉！

既从政以后，其曲而达之者无近功，其默而成之者无浅效。观政者又静验其性情。夫性情之累，其弊有莫能隐者矣。远大之谟，仔肩是任。而求其速而气遂浮，躁则必妄。安于小而心遂懈，陋则愈卑。是即极粉饰之能工，而不达不成者已绝，无可假之迹也。裕乃德而远乃猷，庶克立久安长治之基也哉！

女其戒之！

　　写欲速见小，不事握拳透爪，而抉摘森严。写不达不成，不事怵目刿心，而指陈痛切。功深养邃，局正词醇，没石饮羽之能，垂绅正笏之度。惺夫。

　　通六籍之精蕴，备四气之中和。识其深者，当不仅以时艺目之。受业商昌识。

使于四方，不辱君命

才足有为者，命无或辱矣。

夫四方之使，君命系焉，自非足以有为者，安能信其不辱哉？

且儒者所为世用，而外无以洽列服之情，即内无以效一人之媚，此非有用才也。古之称全才者，聘问时宣主德，而不失之疏。招来以示国威，而不邻于弱。有不为而后能有为，是可为行已，有耻者进瞻其概矣。

今夫论志气之过人，惟远耻自能远辱。而出文章以华国，不负己，斯不负君。

盖自古圣王之遣使也，既信其学养之醇，又假诸原隰驰驱，征其练达。故《常棣》之七章言好合，《皇华》之五善备谘询，而文采风流，自足折冲于坛坫。

而古君子之致君也，既尽其好修之素，亦欲借风尘鞅掌，自验经猷。故纳毁垣之币郑有辞，却入境之师鲁无恐，而从容详慎，无难战胜于朝廷。

然则有四方之使，而以君命寄之，此岂易言不辱者。

无论学识迂拘，不胜张旃之役。即凤号淹通，而或奉书数典，无难傲人以不能。度势揆情，适以形己所不足。则所谓四方之纲者无有也，而安能麻命是扬也。

无论语言拙讷，难为束锦之游。即凤工辨论，而或争之以口舌，方专对之无惭。试之以经纶，竟微长之莫展。则所谓四方其训者安在也，而何能奉命唯谨也。

而吾乃罙然于才之有为者矣。

播九重之德意，而不能隐维夫四方之世运，则经术未醇。夫小大邦文诰未颁，则俎豆之光，或不能胜干戈之气。奉使者宣君命以镇抚之，而不卑不亢，卒使畏威怀德，自靖其纷争。则不辱之尽夫臣职者，事犹微而不辱之。维夫世运者，才弥著也。而湛露彤弓之不答，诗书易象之能观，不足言也。

驾四牡以遄征，而不能隐摄乎四方之人心，则治原已薄。夫朝野间抚柔未及，则嚣陵之气，每易格夫雍睦之风。奉使者致君命以义安之，而不激不随，遂使远至迩安，共深其爱戴。则不辱之能宣上意者，迹犹隐而不辱之。默化人心者，才独优也。而郊劳赠贿之有仪，折俎肴燕之能辨，无足论已。

此而言士，庶几其可欤？

148

抱定上文"不辱"字，既有根株。而于题中逐字梳栉，尤能镕经义而铸伟辞。黄东篱师。

子贡问曰："乡人皆好之，何如?"子曰："未可也。""乡人皆恶之，何如?"子曰："未可也。"

第就好与恶以统观，尚未知观人之要也。

夫乡人之好恶，岂无足信者？至于皆好皆恶，亦安得遽信为可乎？

且懿好之真，尽人同具，是好与恶之准诸同者，似皆足以定人也。顾第执情之同者以定人，而顺情者既不免阿谀之弊，逆情者亦不尽诋毁之私。即一里闾晋接间，而其情无定者，其人究难以遽定。有是哉！

知人如子贡，岂尚不知曹好之无凭，亦犹曹恶之无凭也哉？乃必取证于乡人，且先取证于乡人之皆好者，则曷以故？谓一人之梗概，未易邀众论之公。斯众论之推崇，自足定一人之品似也，而未必尽然也。

夫乡曲比党之习，最易为开耳。适于野者夸服马，遭于道者侈从狼，徇所好而风俗坏。聚鹬冠者服不衷，植鹭翾者情亦荡，阿所好而人心亦坏。即有时声气应求，初不外夫名教。而或以隐怪之行动听闻，或以门户之见相标榜，或以假饰之术善逢迎，众好乌容不察乎？吾见乡举上贤能之书，人无异议而有实行，或亦有盗虚声者矣。

乡射敦揖让之礼，人尽乐从而有纯修，或亦有窃近似者矣，安必众口交推者皆真识，即安必众口交推者皆真品也。夫子所为，必辨于微也未可也。

然则子贡于此知曹好之无凭，不益可知曹恶之无凭也哉？乃犹必取证于乡人，且复取证于乡人之皆恶者，则曷以故？谓侪俗之讥评，未易窥真儒之蕴。而真儒之气节，辄易招侪俗之尤似也，而未必尽然也。

夫乡间拟议之端，半有自来耳。采葛则怨其寡情，采苓则讥其不信，观所恶而世运见。黄鸟则伤其不穀，青蝇则慨其信谗，观所恶而民风亦见。即有时道高毁来，亦尝憎其多口。而或以细行之亏累大德，或以过激之举拂群情，或以疑似之故招物议，众恶岂尽无稽乎？吾见以乡里之论定是非，苟未洽舆情，即知已有难为曲谅者矣。

以乡校之游观得失，使莫逃公论，即朝廷有为之心折者矣，安在群情共嫉者之足谓知希，即安在群情共嫉者之绝无定论也。夫子所为，必征诸实也未可也。

然则欲定所好所恶者为何如人，亦观好之恶之者为何如人可矣。

实从皆好皆恶说出所以未可之故，两峰对峙，一气流行，有龙变丝弦，剑飞白练之奇。受业于凌汉谨识。

说之不以道，不说也。及其使人也，器之

不轻说人者善使人，严与宽并济矣。

夫非道不说，何其严。而使人以器，则又何其宽也。君子诚易事而难说哉！

且善用人者，患有伪才，而不患有偏才。何也？有才而妄以私于者，其情伪，不受其伪，而幸进者寡矣。有才而不能兼及者，其质偏，不弃其偏，而登进者愈多矣。严以绝希冀之缘，亦宽以收奋庸之益，斯才之用至宏焉。

何以谓君子易事而难说哉？盖君子以介然者示天下，而难必其无违道以干也。以廓然者容天下，而难必其皆不器之选也。于是有所不说与所使者。

今夫人固未有议，道自己如君子者也。而有一才，君子即以道衡之，其自绝于道者，即其自绝于君子，而何庸说焉。夫谐媚不乏微长，彼即不求君子说，讵不可为君子使哉？乃说以货利，杠道以合。说以声色，背道而驰。非力严乎心术之防，将使天下有功名，不复有气节。

人亦未有藏器，待用如君子者也。而有一才，君子即能器重之，其效一器之用者，皆得效君子之用，而何弗使焉。况英才自宏乐育，彼既可为君子使，不且益为君子说哉？乃晚成者大器，未使图艰。怀抱者利器，未使治剧。非显示以优容之度，将使天下矜绝诣，不复尚和衷。

然则欲其说，望其使者，亦孰是谅君子之心者哉？乃观其说之，而君子异矣。严气正性，而内已不失己矣。而及其使人，则又异矣。弃短从长，而外亦不失人矣。

盖君子以为天下只一道耳，稍越乎道，则为我使者，皆得以

容悦斥之，而况其为干进也哉！夫君子固非仅著其严也，侧媚来前，纵难概施以拔擢。及其集群材，收众美，要祗示朝廷宽大之恩，则几忘其始焉。不悦者何心终焉，器使者又何心也。而固已阴受其纠绳矣，而固已显蒙其励翼矣。

人特患不能相尚以道耳，使以其道，则不我说者，皆得以指臂使之，而何疑于见绝也哉！夫君子亦非骤用其宽也，勋名攸属，自当预杜夫汇缘。及其供奔走，受驰驱，乃独见翕受敷施之量，则不得谓以道。相绳者一心，随器而使者又一心也。而已无往非廉隅之饬矣，而已无在非公溥之怀矣。

君子哉！不诚足立千古用情之准哉！

> 有平放，有侧递，妙得前后一意贯注。缘事说虽分两项，"道"字却只一理，君子亦只一心也。细腻熨帖于题之窾会，无不曲中。难其步骤雍容，仍自针线紧密。祁春圃师。
>
> 通体无一呆笔，是平庸一路圣药。受业刘楚英识。

克伐怨欲

心之多所累也，贤者递举以自验焉。

夫人心本无所谓克伐，无所谓怨欲也。自有四者，而心不已多所累欤？

且人苟反乎人生而静之初，寂然者只此心耳。亦安见庸众之心，果与圣贤异哉？自夫人以后起之私与之，于是两相形而竞心生，两相耀而侈心又生。有所厌而忿心起，有所欣而贪心亦起。则甚叹夫人自有心，而竟任夫生于心者，之适以累心为足惜也。

何则天之生人也以情，而情则何异焉？顺与逆皆情也。顾或纵其情，矜其情以陵乎人。而又匿其情，恣其情以愿乎外。则不得统名以情也，而已见毗于情者之各著其端。

人之任事也以气，而气则何分焉？盈与歉皆气也。顾或其气刚，其气盛而不相下。又或其气愤，其气靡而不自持。则不得归咎于气也，而只由任乎气者之交受其弊。

夫不有克伐乎？有怨欲乎？

且夫敬与义之两相胜也，似克也，而究殊乎克。功与能之莫能争也，可伐也，而卒未闻其伐。且不怒以存忠厚之情，不贪以征心德之美，有怨有欲也，而究不同于怨与欲。

然自人不能卑以尊人，则欲上人，而安往非克。不能虑以下人，则欲傲人，而安往非伐。不能惩其忿以容人，不能公所好以与人，则且嫉恶乎人，歆羡乎人，而安往非怨与欲。

吾壹不知为克、为伐、为怨、为欲者，何以分见焉而各异也。第即其克焉而不复存吾厚，伐焉而不复鸣吾谦。怨且欲焉，而不复知情之何以平，志之何以洁。营营者不且丛生而迭起哉？夫方寸之为地无多，苟莫识主名，或至阴受其累耳，诚若四者之各异其流也。有克伐而相倾相轧之势成，有怨欲而作恶作好之私见，则此心之嚣然不静者，不已亲切可按欤？

吾壹不知忽克、忽伐、忽怨、忽欲者，何以互发焉而皆同也。第迹其伐在己，而克则忌所有于人。欲在内，而怨即有所望乎外，而且克伐怨以成其所欲。而众私缘一私以起，一念即众念所乘。憧憧者不且相因而递至哉？夫伪妄之累人何尽，苟万感纷歧，或亦莫职其咎耳，诚若四者之同出一源也。极天下横决之情而克伐可概之，极天下忻戚之致而怨欲可赅之，则此心之惺然内镜者，不已无庸自讳欤？

于此而能毅然不行焉，非仁者乌足语此。

就四者反覆推勘，几于抉发无遗矣。然在原宪口中，毕竟未能透彻源头，穷极流弊，只缘做得来底如此，说得来底亦如此也。语语见分晓，语语有分寸，此中固具大神力在。九溪。

每于分按四项处，见错综变化之妙，最足益人神智。弟绕籍。

古之学者为己

己外无学，为己而学乃真矣。

夫学者，己之事也。知为己，则学无于事矣。子故穆然于古之学者欤！

且天地万物，莫非己也。有己而知自为，固将不仅自为矣。顾不仅自为者，成己之全量。而罔非自为者，反己之实功。要惟守之一，识之精，乃足为千古为学者立之准。

然则天下孰非学者哉？而亦孰是真知为学者哉？夫学之道无他，己而已矣。己之学无他，为己而已矣。

惟己在，而学之理乃即己而存。学无穷，实己有立于无穷者。学既至，而己无所增。学未至，而己先有所损也。此其故，非深于求己者不知也。

惟己在，而学之事皆缘己而起。学无间，实己有贞于无间者。念念在学，惟患无以律己。念念在己，犹患无以积学也。此其功，非严于治己者不能也。

其古之学者乎？

古之人，非有异己也，亦非有异学。顾学本大公，而为己者若据之为私。私之云者，必其专于己者也。己之中，盖吾学者无可假。己之外，累吾学者无所容。见己无非见学焉。己生平所戒者，积私自拥之意，兹正有所用之矣。用之为己矣，则惟古之学者如此而已。

古之人，不敢外视乎己也，遂不敢外视乎学。故学期于安，而为己者若因以为利。利之云者，皆其益于己者也。学之外，无与于己不必为己争。学之中，有妨于己不能为己恕。见学无非见己焉。己生平所恶者，贪利无厌之情，兹正有所施之矣。施之为己矣，则惟古之学者如此而已。

夫如是，则学者之识有必精。学所从入，只于一己辨是非。学有成功，只于一己争纯杂而已。失则学与俱失已，得则学与真得者。古之人，所为严于省己也。万念之纷杂扰于中，而一己特深其研说。则爱己无非为者，责己亦无非为。其辨于清浊之源者何如哉？

夫如是，则学者之守有必一。学有本末，惟一己之识力能赅。学有浅深，视一己之知能而判。而全乎己之量而学以全，歉乎己之分而学亦歉者。古之人，所为慎于持己也。万事之繁变乘于外，而一己独谨其操持。则尽己无非为者，推己亦无非为。其循乎闲存之矩者何如哉？

使今之学者尽如是焉，则三代下之人材，未有不如古者矣。

从几微发端处，推而至于经世利物，皆是"己"字上道理，即是"为"字中精神。缘为己，只在用心上看，不在作为上看也。认定此旨，愈转愈灵，愈曲愈隽，是一篇玲珑嵌空文字。欧阳坦斋师。

古人学问，只是求放心，主客出入，所争不多。若神明之舍，未能自固其键，即终岁不出户庭，何曾会做为己工夫？砭愚订顽，可发深省。男衔焕谨志。

夫子欲寡其过而未能也。使者出

能传卫大夫之心者，其出有足志矣。

夫伯玉所欲质诸夫子者，寡过未能之心耳。使者能传之，不可毕其事以出乎？

且夫圣人常挟其不自是不自足之心，而难必斯人之共喻也久矣。故惟有知圣人之心者，单厥心于纠虔之地，而能以神交。亦惟有知学圣人之心者，传其心于将命之时，而更无余事。

如子于伯玉之使，命以坐，诚不欲其默然而径出也。且询以何为，诚欲其问焉必答，答焉乃共明其意以出也。而使者果何辞以对哉？且夫人所急欲质证于圣人者，惟所欲与所能耳。

古圣贤省身克己，虽师友莫喻其隐衷。而意有专营，不惜殚精神以默为检制。故常悬一所欲者以相期，始克举所不欲者以相纠。知自讼不容自恕，此意固不足为外人道也。

古君子纠谬绳愆，虽亵御亦共深警惕。而心存歉仄，岂易举缺陷以力为弥缝。故知其难能而不懈其功，即稍有一能而难讳其短。不自宽愈求自慊，此意并未易为知己告也。

然则寡过未能如伯玉，非夫子孰谅其心者。顾伯玉久未见夫子，而默契者惟此一心。即其心亦难显陈于夫子，而代白者惟此一使。借令使者道殷勤，通款洽，而遂奉身以退也，此其心不终掩于悠悠之口，而竟爽然于其出也哉？

乃使者则固于未出时，而殷然欲白矣。相知者贵知以心，试思改过如宾筵，瞽蒙犹能言其意。悔过如泰誓，臣工亦共喻其衷。当局刻厉之功，有不嫌代为表白者，奈何任其缄默焉而轻出也。则以今日奉大夫之命，而指陈在幽独，直欲举学易假年之隐愿，以共证一堂。将圣心慰，而希圣之心亦俱慰者，此亦即询度诹谋之雅意也，而更何烦拟议哉？

　　且于将出时，而悠德意远矣。传命者惟传以意，试思周旋阙里，婉言道君子之心。受命淇泉，奔走尽小人之职。友朋切磋之义，有不烦言而即解者，固无俟更端焉而后出也。则以今日游圣人之门，而晤对只片时，直能综卷怀出仕之深心，以白诸千里。将奉使毕，而遣使者之情与俱毕者，正非仅应对进退之虚文也，不已绰有余裕哉？

　　子于其出重叹之，殆为使叹，而即为遣是使者叹欤！

　　先将寡过未能，着在伯玉身上，打入夫子心中，然后折入使者，直使全题如一笔书。手法绝高，神光自远。尧农。

不患人之不己知，患其不能也

为己者惟患不能，己之外无足患矣。

夫能在己，何待人知，而况乎其有不能也。不己之患，而人患乎？

且学问之故，程其能者在己，而量其能者在人。然有一念焉，自恃为能而责己者疏矣。有一念焉，自炫其能而责己者愈疏矣。夫惟专其心以厉己，并不敢分其心以为人。斯不见能之有余，而淡然寡营者，乃弥见能之未足，而悚然以惕也。

不然，人之求为可知者，亦力求其能焉耳。第求能以为知者地，而患在不能，患仍在不知，亦安知学，固有以不患成其患者哉？

万事封于自信，而惺于自疑。我于其不能而疑之，安得以为能而信之。而况其漫欲人信也，则隐微内之纠虔已懈也。

万事成于自危，而阻于自恕。我有其不能而危之，安得以为能而恕之。而况其预求人恕也，则癏痗中之警惕未严也。

然则能在己，何与于人乎？己惟不能之足患，而他何患乎？

造诣岂无可共明，顾分求能之念以求知，则患固有深焉者矣。微论艰巨，不堪胜任。即寻常日用，人方多其责备者，己偏多所疏虞。使所患者本切身之痛，而始假不足患者以分注之，几何不益其疾乎？反躬弥形其歉，问世自以为盈。即相知者不为我苟，而不能者终将何补也，惟自觉衾影之惭焉已耳。

懿好亦无难共证，特存一求知之念以求能，则患更有大焉者矣。微论怠忽，未足程功。即夙夜黾皇，而一念不堪信诸己，即一节不堪质诸人。乃所患者无满志之期，而别援一不必患者以旁贷之，亦何其不自克乎？性情方多疵累，而闻望转骛浮华。即人欲以相知为我荣，我何堪以不能为人告也，有弥觉形神之愧焉已耳。

是固不待绝夫人之见，而后其患乃专也。惟心目中只见有己，则己之患，无一刻可自宽。即己之能，乃一端不容伪。此即有相知以心者，甘苦要难共喻也。而不能何弗衡于虑，而不知何足累于心。

抑不必特存一己之见，而后其患独切也。惟清夜开难信诸己，则己有不能，既不敢强为能以自足。己有当患，愈不容多所患以相蒙。是即有信为可知者，中怀要难少怠也。而所能之程无尽期，而所患之情无旁及。

此为己之学，所由必凛凛与。

扼重"能"字，患不患看得相生相足。故控题甚紧，而制局稍变。横斜欹侧，面面玲珑。受业刘楚英识。

不逆诈，不亿不信，抑亦先觉者

觉妙于先，无烦逆亿矣。

夫诈不信，不可不觉，亦安可以逆亿觉之耶？抑知有不恃乎此，而亦无不觉者。

且以人心之不可测，而务有以测之。有欺心，则即有防其欺之心矣。有疑心，亦即有防其疑之心矣。彼百出其机心以相乘，此又百出其机心以相待，其究也同归于不可测焉。而止噫此逆也亿也。此不逆不亿，而即不能觉者也，又安望其觉之能先也哉？

今夫人何以为能觉，谓觉夫诈，觉夫不信耳。觉何以贵能先，谓不先觉夫诈，而诈易售其奸，不先觉夫不信，而不信益滋其弊耳。

特是诈不信者，方乘我于不觉而投之以私。而我顾以逆觉之，以亿觉之，而并揣其私。不将以私制私，而仍各挟一私乎？

诈不信者，方恃我之难觉而尝之以伪。而我必因逆而觉，因亿而觉，而始明其伪。不将以伪防伪，而究同出于伪乎？

夫两间之机械，既悉于一心之揣测，而机械益深。万境之危疑，稍涉以一念之模棱，而危疑交迫。逆诈也，亿不信也，彼将自以为先觉乎哉？庸讵知有不逆诈，不亿不信，抑亦先觉者。

心澄于静，斯明即生于静，而识无不精。故物既至而有定见者，物未至而初无成见。

心宰于虚，斯灵即运于虚，而理无不彻。故事未至而若冥情者，事既至而必无遁情。

其觉也，初非以有心求之也。

情伪之迭出，岂悬揣所能穷诈。不信万变其术以相攻，逆与亿两分其心以相敌，此不及之势也。抑知不以有心求之者，心自独神其用乎？审幾在夙夜，理自常烛于幾先。而不觉者逊其精明，能觉者逊其浑厚。衡原不爽，持衡者非预定其衡。其辨也，有存于不辨之先者也，而又何容于辨也。夫谁不钦其明辨者，而又非以无心任之也？

诡谲之环生，辄乘机以杂进。使不逆不亿徒以冥昧养其奸，将诈与不信益以诪张肆其幻，此必至之机也。抑知不以无心任之者，心自各妙其施乎？灼见在渊衷，已原不矜其先见。而不觉者服其至神，能觉者服其至变。鉴本能空，入鉴者自莫逃其鉴。其察也，有裕于不察之先者也，而又何莫非察也。夫谁是及其洞察者，此觉之所以贤乎？

就"逆""亿"上极力反振，转合两"不"字，便一气赶出全题。"抑亦"字在欲转未转之间，所谓略转上文也。文于此既得真诠，复从不逆亿下转出一层，为"抑亦"字圆足全神。精心结撰，生气屈盘。慈陔。

子路宿于石门。晨门曰："奚自？"子路曰："自孔氏。"曰："是知其不可而为之者与？"

不能心圣人之心者，因就所为以托讽焉。

夫晨门固知其不可而不为者，闻子路之自孔氏而窃议之，岂知圣人之无不可为者哉？

且圣贤所以心乎天下者，惟恃有大可为之志，而不待假以事权。亦即无不可为之时，而不敢诿诸气数。其观世审，忧世深，而救世愈不容不切。此其意尝与命世之英共图之，而特不能使辟世之流共喻之。日者，子路从夫子游，而因有石门之宿。固将心孔氏之心，以大有为也，而晨门乃以奚自问。

盖英杰运际厄穷，安敢谓旋乾转坤，别无经济。而师承在阙里，聊以效奔走于马足车尘，此子路所不暇为晨门告者也。

而畸士盱衡世变，亦明知抱关击柝，非其本怀。而物色遍风尘，谁与通謦欬于宽间寂寞，此又晨门所不遑与子路言者也。

然则春秋多隐君子，如晨门者，殆阴挟一不可之见于心，而于当世事虽知之，而不欲为之者欤！向使得与吾夫子上下其议论，知时事之尚可有为，当旷然有东周之志焉。即不然，知子路之自孔氏来，而因以道殷勤，通款洽，想见吾夫子之为人，亦必有爽然失者。奈何执不可之说，而反以议吾孔氏也。且夫以可不可听诸天者，贤豪之能观变，不能济变也。而以为不为决之己者，圣人之能达天，即能回天也。

世运苟无剥复，圣贤何必有事功，知不可而为之之事起焉。巢由有可为之遇而绌于才，管晏挟必为之心而悖于道。得吾夫子以挽回末俗，当亦晨门所拭目以俟者。乃灭迹销声，仅得与政事才共谈乎世务，有心人讵不可相助为理也。欲洁身而惟患辱身，故隐窥吾子所为之难，而遂甘以卑贱藏其拙。使时事尚易转移，亦安得起若人而共商匡济也哉！

君相未展经纶，气运岂自归明盛，能有为而不可之见忘焉。有禹稷而世可无饥溺，有伊吕而局可定征诛。日与子路辈共验行藏，正吾夫子所取怀欲与者。乃风尘鞅掌，并令隐君子熟悉其生平，天下事岂终有志而莫逮也。能兼善何容独善，故一闻下吏一辞之赞，几莫为当局谅其心。苟安怀业有宏猷，亦何致旁观之徒深扼腕也哉！

迄今过石门旧壤，犹知当日有隐于吏者，而圣贤济世之心，益令人低回不置云。

164

> 知不可而为一语，直道出圣人全身。而晨门分际，于此俱见。若以柄凿视之，便属颠顶。扼题之要，语语切中肯綮。其叙次处疏落古宕，发挥处沉郁苍凉，尤有天崇诸家风格。尹臣。

上好礼，则民易使也

上以礼驭民，民咸喻其所好矣。

夫礼所以辨上下也，上好之，则下即从所好矣，讵尚有难于使者乎？

且国家所以重礼教者，非徒防民伪之谓。谓其一己之性情正，即千古之名分严。守之正，则相喻于至正者，其性情罔勿通也。范之严，则共凛于至严者，其名分罔勿定也。理裕于端本善则，效著于乐事劝功。从未有动以天而徯应，犹或爽焉者。

今夫荡厥准绳以使民，则民敝。虚饰文貌以要民，则民离。孰是以礼为防，而能端所好者哉？

夫驭世之众著者法，而法先毖诸心。惟上端所好，而显立其范围，此饬纪陈纲，礼典所以能经国也。

宰世之秩然者权，而权皆运以意。迨民知所好，而潜孚于志气，此型仁讲让，礼运所以协大同也。

吾尝验诸民矣。

示礼者何知礼意，乃规模甫定。民情遂奔走以偕来，况好之者之施以实意哉！夫指臂之用，束缚之未必即从。至以礼为闲，而民之从容以听者，究不异筋骸肌肤之自为检束焉，则有从其令而罔不翕然者耳。

秉礼者徒其礼文，乃矩矱所存。民俗亦相持于不敝，况好之者之感以至诚哉！夫子来之应，驱遣之或难骤致。至以礼相接，而民之趋赴未遑者，初不异慈孝友恭之出于天性焉，则有竭其力而弥觉歉然者耳。

其易使也，有断然者。

大抵天秩天叙，皆本于理所不容已。我顺其不容已者定厥防维，民谁得而自已乎？力必出于身，故使之以佚而劳仍不怨。则皆顺乎帝，故使之以时而动必有成。其所好在颁书徽典之先，其所使在礜鼓牙璋之外也。制勿坏乎旧防，而令已下如流水，又何怪民之易于为治哉？

人纪人纲，皆原于理之不可易。我循其不可易者预为经纬，民谁得而易之乎？天泽之分无敢逃，使民归必使民劝。父母之尊既孔迩，使民乐自足使民劳。惟好之而德产务致精微，亦使之而群情倍神鼓舞也。治已具有筍之美，斯治国非无耜之耕，夫孰非上之克图其易哉？

此礼教所由隆也。

"礼"字说得正当，"好"字看得融洽，上下关键，原自消息个中。而文格谨严，文心清穆，时贤视之，殆不啻海上三神山矣。受业郝彦圣识。

立则见其参于前也，在舆则见其倚于衡也

随所遇而若有见焉，理无须臾离也。

夫立与在舆，暂境也。乃参前倚衡，有如或见之者，诚顾可偶离欤？

且众理咸宅于无形，存诚者其惟是不见，是图之际乎？顾纠虔在寂感之交，神遇非以形遇而存养。无斯须之间，心谋恍与目谋。则所谓不见是图者，正未尝不确有所见。且众著焉，而无往不见。然则忠信笃敬，岂虚语哉？

今夫理之见于微者，必先见于显。乃愈微而愈显，则见独真矣。故充实中之发见，常若有静与为存，动与为察者，随感而即形。

理之见于人者，不若见以天。若即人而即天，则见愈彻矣。故性分内之昭融，俨若有官与俱止，神与俱行者，静观而自得。

则有如立与在舆，实境也。而有参于前，倚于衡者，则无实之非虚。

参前倚衡，虚象也。而有见其参，见其倚者，则无虚之非实。

此殆有见于人所不见者乎？然而难言矣。

吾心本阒然也。无端以心造形宥密中，遂纷纭以交逐，而诚之存已难。

宇内自廓然也。无端役心以境身世间，遂憧扰而难安，而诚之存愈难。

而吾乃思夫立诚者。

方未与境际之先，理原先境而具，所谓常目在之者，固无事预设一境也。乃忽焉而参前者，卓尔而呈矣。忽焉而倚衡者，又确然可据矣。心与境迭为缘，谁使参焉倚焉者之不求自至哉？以

摄身者摄心，容昭山立。即载物者载理，庆卜得舆。其所见者，不自立与在舆始也。而如斋之训，驭朽之防犹后已。

迨既与境际以后，理不与境俱迁，所谓视于无形者，更不必拘执一境也。乃方参前而倚衡者，毕至矣。方倚衡而参前者，又沓来矣。境与心常相丽，又安见参焉倚焉者之造次或违哉？凝仁而有对待之形，立非虚立。循途而得率由之准，舆即德舆。其所见者，又不以立与在舆限也。而无谰修容，澄清执辔犹浅已。

夫然后，可谓设诚致行者矣。

对子张语，原不要说得忒自然了然。须知忠信笃敬，自然呈露，必其先已有工夫在。且就其中，正大有工夫在。一语不粘滞，一笔不涣散，洋洋洒洒，掉臂游行，理境中之剑侠飞仙也。惺夫。

理题文字，患认题不真，又患看题太拘。若贴题甚显，而自造理窟。入题甚深，而自辟理障，大是难事。弟绕楷识。

友其士之仁者

取友以辅仁，仁愈有先资矣。

夫友者，友其德也。于士之仁者友之，仁不愈收其益乎？

尝谓仁人心也，一心之操舍，惟治心者自知之，亦惟知心者共知之。故夫人欲治心，而不得一知心之人以默勘吾心，而仁之功有难尽。得知心之人，而不得一自治其心之人以共纠吾心，而仁之功亦难尽。然则为仁者而居是邦，岂仅欲得贤大夫而事之哉？

夫人心之同然者仁，同为仁而辅吾仁者惟友。彼士之仁者，固先我而为仁者也。

士每相尚以才而言仁，则不恃才之优，而恃德之备。黜浮华而隐窥性始，惟我友独抱其真醇，则共证吾仁者，孚契为最深也。

士每相高以识而为仁，则不恃识之敏，而恃德之纯。根性道以发为文章，惟我友特昭其笃实，则互考吾仁者，观摩为倍切也。

顾或有虑求友之难者。

谓人每患其相形欲为仁，而无仁者以形之，犹可自讳于退藏之地。得士之仁者以朝夕与共，则有可与同心者而责之必备，使有可以累心者而纠之必严。

人每患其相胜有不仁，而无为仁者以胜之，犹可自恕于内省之余。得士之仁者而优黜立分，则有可进于仁者而仁不见多，使有稍远于仁者而仁愈见少。

则为仁而友仁，岂易易哉？

然而友之者，则固只见仁初，不自知为友之仁也。事苟得一同类者以为招，则精神愈奋。彼以仁而克为我友，则士品弥醇。我与友而未进于仁，则士林滋愧。夫为仁亦贵知所愧焉耳。因气类之感通而进谈心性，则不待其相劝而好仁者已殷，不待其相规而恶不仁者已切也，友之所为以同类相招也。

且见其仁，而愈幸其为友之仁也。事必得一先路者以相导，则奋激愈生。友以仁而无愧为士，则仁不远人。我以士而求进于仁，则友尤易取。夫为仁亦贵善为取焉耳。景纯修之德业而愿共诞登，则友之以祛其不仁。内省严而相观益善，友之以进于仁。思齐切而相得益彰也，友之所为以先路是导也。

为仁者，可勿以友为先资乎？

　　此是为仁工夫，非言取友也。"仁"字看得亲切，"友"字乃有实际。"友"字看得融洽，"仁"字更有实功。听题如桶底脱，行文如翻水成，此怡然涣然之候。黄东篱师。

躬自厚而薄责于人

论责己责人之道，在权其厚薄而已。

夫责己者轻以约，责人者重以周，是两失也，尚其致审于厚薄间哉？

且古圣贤有刻厉之情，而不容以过宽也。有宽容之量，而不容以过刻也。成己与成人，其定分然也。自夫人不明其分，于是待己甚宽，待人甚刻。而矫其弊者，又或刻待己而无所不刻，宽待人而无所不宽。亦未熟审焉，以求适如其分尔。

今夫人之有所责也，起于事之不容已，激于义之无可辞，审于理之莫敢违，而迫于情之不忍恝。厚则均厚少薄焉，而即未可云厚也。责躬然，责人何独不然。然而厚与薄，则正有辨。

纠摘未切于隐微，而姑借他人之隐微，重加以纠摘，极其旁骛兼营之意，而内省已疏。

检绳方严于素履，而遂取侪辈之素履，过与为检绳，肆其投间抵隙之苛，而逼人亦甚。

夫以天下事之难得其平也，局外常明，局中常暗。故我即责躬甚严，而情或忽于有所昵。我非责人无己，而辞或偶授以难堪。此固情事之难曲当者也，而况夫所厚者薄，所薄者厚也。

而以天下事之贵行以恕也，我先能率，人自能从。故即寻常规劝之辞，而反己自维，觉我躬之负惭不少。当检身不及之会，而易地以处，知与人之求备良难。此又事势之所必至者也，而奈何厚者未厚，薄者已厚也。

则谁是躬自厚而薄责于人者。

方皇皇焉耻厥躬之不逮，因于斯人切逾量之期。夫岂遂为己甚乎？其概厚之也。夫厚之者，亦谓人之好善无不如我耳。顾以我平日砥行砺名，尚难自深愧奋。使有多为说以相督者，亦甚讶其不情。反其意以用之，我躬得以自主，而务从厚焉。人谁不知自爱，而我姑薄焉。将修省之念方深，而鼓舞之神亦已至也，有适得其平焉尔。

　　第泛泛焉念躬行之甚难，姑与斯人徇护惜之隐。则亦何不可已乎？其概薄之也。然薄之者，亦谓我躬不阅遑恤夫人耳。但使我异日更非纳谏，固将无地自容。而无摘其短以相纠者，讵可终为之隐忍。举其失而惩之，我自尽其责，而无敢薄焉。人只分其责，而无容厚焉。斯在己无后悔之虞，而入世有先路之导也，有必行吾恕焉尔。

　　是虽无意于远怨，怨有不自远者乎？

　　平恕二义，恰是厚薄分施，中正底道理。妙从反面抉得透，本面自拍得醒。其文心之奥衍，文律之周详，殆垩尽而鼻不伤者，笔墨中乃有此能事。祁春圃师。

君子义以为质，礼以行之

义为事之干，君子仍准诸礼焉。

夫质有其内，则义已可行矣，而君子必准诸礼焉，夫岂漫言行哉？

且古圣贤以义制事，尤必以礼制心，制心即所以制事也。事之当然者，义能入而主之。而事之粲然者，义不能顺而推之。惟准诸当然，而又必进求其粲然。则所以制事者见，而其制心以制事者，亦与之俱见。

吾思君子，今天下未有喻义如君子者也，然行而宜之之谓义。君子之于义，似可不疑所行，而究不遽言行者，何哉？大抵物必培其本而末始茂，事必植其基而功乃崇。云有质也，固当裕于行之先者也。

惟君子于未行时，有精义之学，义精而行，乃无不当焉。是扶其质以立干，而先定乎一事之本者也。循而行之，裕如也。

而又于将行时，有集义之功。义集而行，乃无不慊焉。是昭其质于无亏，而先植乎万事之基者也。推而行之，廓如也。

于此，而遂可不疑所行乎？未也，盖礼固不可斯须去者也。

尝观古君子，经纬万端，其礼皆缘义而起。义既至而充之至尽，初不仅以释回增美，见有质者之必进以文。

因思古君子，裁成万事，其义又以礼为防。义既立而裁之就中，亦未尝不尽慎竭情，见有质者之胥关于学。

夫然而义可行，而义究非其所以行。是非有一定之衡，推而准焉，非即礼之不可易者乎？第激于义以行之，而徒阐意气，与酌乎义以行之，而自有节文。其行之当与否，固有间矣。君子知义有定，必以礼之无定者程之。尊严之气载以寅清，而无偏无陂之规，亦即有本有文之美矣，义皆礼所搏节者矣。

且礼可行，而礼即载其义以行。经权无一定之则，施而措之，非即礼之不可已者乎？夫度夫义以行之，而自昭秩叙，与迫于义以行之，而时越范围。其行之得与失，又有殊矣。君子知义无定，必以礼之有定者约之。和物之和合乎嘉会，则有顺有撕之实，亦即不为不欲之防矣，礼皆义所著见者矣。

继以逊出信成，夫孰非义之不疑所行者乎？其斯为喻义之君子乎？

174

"义""礼"字原易联贯，而题之分际，颇难吻合。文于交关相须处，看得融洽分明，发得精深朗畅。是真以燕许之笔，阐程朱之微者。李清江师。

如有所誉者，其有所试矣

有所试而后誉，誉亦非漫然矣。

夫夫子岂漫有所誉者，必试之而后誉焉。是尚得谓之誉哉？

今夫吾心所属望之人，何莫非吾心所可属望之人也。是故造诣原有定程，苟阅诸吾心而有可信，正不妨因其可信而信之。而究非举不足信者，而亦概信之。而奖许之深，情固已适如其量，而无或越久矣。夫吾之无所毁，即无所誉也。抑岂不知善善之必从长，而顾概无溢美哉？

盖尝深阅乎性情之故，知未至之境地，实有不容假借者。而何敢为过情之声闻，使天下失公非公是之真。

因而默揆诸诣力所趋，知可至之径途，实有无容沮抑者。而何敢靳余论之揄扬，使天下夺希圣希贤之志。

如曰有所誉也，吾未尝若是诬也。

如曰必无所誉也，又不必若是刻也。

然而吾窃悬此意以试之。

精神者，器量所自开。尝见古君子自命不凡，不惜隐曜韬光，以全其内行。而有识者出一言以决之，遂以定毕生远到之程。当其慷慨相期，人几讶其过当。而不知理所未能骤达者，诚早有以通之。则博誉非其本怀，而可誉乃有其实事也，而见亦微矣。

志气者，成败所由判。尝见古圣贤诱掖后进，不惮广收博采，过予以褒崇。而有志者得一言以壮之，遂以成千古不朽之业。当其激昂相许，人或疑其太轻。而不知功所未能骤竟者，心先有以赴之。则誉之忽施于其身，实誉之早定于其素也，而识殊远矣。

借非有所试也，而何以有是誉哉？

必苟以绳当世之材，则自有誉以还，立品亦何能逆料。第吾亦既历试焉，而己孳孳可与为徒矣。方玉成之不暇，而漫欲轻弃之，吾何能自恝也。况吾之所试者，正不徒为誉之地也。即试而即誉，我与人已各极其鼓舞之神，安知异日之道德文章，不自所试开其端。且自所誉征其实也，而吾情岂容自已哉？

必宽以广进修之路，则在未试之始，宏奖亦似可概加。第人即可誉焉，而吾尚兢兢不容遽信矣。使践修之无据，而漫为谀悦之，几何其不相蒙也。况吾之所誉者，又非仅矜其试之早也。既试而后誉，我与人将各求其体验之真，又安见流辈之才力聪明，不以无可试而滋期日。以有所誉而加勉也，而吾情其容或忽哉？

此吾所以无毁而亦无誉，愿与斯人相期于三代之盛也。

　　题意看是松一步，实是紧一步。谓可誉而誉，即是无誉，即是直道也。深情绵邈，生气屈盘。读之但觉绛云在霄，舒卷变灭，荡人心胸。惺夫。

事君敬其事而后其食

纯于事君者，知有敬而已。

盖惟敬则君事皆其事矣。至于后食，而敬不益纯乎？

且周官三百六十，各系以事，明乎官之先事也。而司禄一职独缺之，或疑其详于任事，略于诏食矣。抑知古大臣克自抑畏，无事不在兢业中，实无事不归淡定中。故臣道尽，而臣节亦于是励焉。

今夫事君者，系天下安危之任，其迫欲致之君者，必不敢以自难而后凛然，见人臣之所以为职。

严天下义利之防，其不求谅于君者，并不敢以自幸而后泊然，见纯臣之所以为心。

言职则惟其事而已，言心则惟敬其事而已。外此者，孰非后焉者哉？而何有于食哉？

敬有不因事起者，则诚于思也。敬有必随事见者，则守于为也。使事以内，以主一者持之。事以外，不以无适者绝之。营兢其何能已乎，惟一念在君。而未事有以积吾敬，临事有以行吾敬，既事仍不忘吾敬。提其要以密为检束，神明之地别无所容，尚安容有谋食之私者。是食未至，而敬不以食分。食既至，而敬非为食市也。敬固贯乎始终也。

综庶事而悉以敬相维，则心无怠也。逐一事而各以敬相给，则心无荒也。使敬之德，以事聚之。事之报，即以敬图之。要求其曷有极乎，惟刻不忘君。而不以畏事阻吾敬，不以喜事扰吾敬，不以债事弛吾敬。凝其神以力致操存，刻励之忱绝无少暇，尚何暇为谋食之计者。是敬形于难事，而素食有不安。敬形于易事，而退食犹滋愧也。敬固赅乎巨细也。

夫天家日奖臣劳，则精意感孚，要自有受爵不让之理，而敬事者不计此也。人臣贪心之萌，先中于所不及检。夙夜间少一系恋，斯措注间多一忧劳。一念之操纵，万事之理乱听之。惟恐宠利未忘，勋业著而官箴已玷。宰以敬，则朋从者皆可作食观也，而何敢宽其惕励哉？

承乏幸邀主眷，则鞠躬尽瘁，岂敢高仕不受禄之风，而后食者别有心也。人臣内念之肆，必先溺于所可安。狷介中非出矫情，斯寅畏中常存真性。一己之宠辱，百事之成亏系之。诚虑纠虔稍懈，理欲战而志气难清。审所后，则缘起者乃不为敬累也，又岂仅明吾淡泊哉？

此可为千古事君者法矣。

扼重敬事，洞穿七孔。并后食意，亦入木三分。字字力量，语语精神。其坚密似思泉，其浩落似熙甫。竹泉。

有教无类

教无弃材，类非所计矣。

夫惟类殊而后重赖乎？教既有教矣，尚何必有类之见存哉？

且自世有出类之圣人，而人皆亲而近之，且深幸承教者之各从其类焉。顾从其类者在气质，而化其类者在甄陶，此千古道学之统宗，亦千古人才之囊籥也。今夫人有天命之性，有率性之道，而始有修道之教。教也者，正圣人之与我同类，而不忍歧视者也。

逸居无教之日，人几与异类相近，则化导为难。不知驯习既久，虽异类亦咸若其天。曾未有教所逮及，而尚难化导者，而况其为同类也。

教亦不善之人，日惟与败类为缘，则化裁不易。不知愧悔偶形，即败类亦同归于正。曾未有教所不屑，而卒难化裁者，而况其为善类也。

然则所谓类者，亦特患无教焉耳。

无教则类不齐，而气以拘，遂谓天定者，人难操券。然天能使人以类分，岂能强人以类限耶？使置其身于桥门璧水，而日矫其偏私，斯人事可以补天工之缺，天不能与教争也。

无教则类各异，而物以蔽，遂谓习成者，性亦无权。然习能引人以类聚，岂能使人以类拘耶？使牖其衷于泮鼓雍钟，而求完其固有，斯性功可以维锢习之偏，教不能为习夺也。

吾于是知教之权大矣。

凡类之判，判于错出之秉资，故有纯不能无杂。使谓纯者受吾教，杂者不必受吾教，则取之过刻。而类之判者，各以类相招，有流入异端而不觉者矣。圣人知类之不能强同也，而纯者可更进于纯，杂者断不终于杂。日变月化，要惟是教思相引于无穷，岂尚有气类之偏之，能阻吾教者哉？

凡类之分，分于显呈之流品，故有贤不能无愚。使谓贤者率吾教，愚者不必率吾教，则拒之太严。而类之分者，转以类相应，有遁入诸家而不返者矣。圣人知类之本无不同也，而贤者固可俯而就，愚者亦可仰而几。易恶至中，要惟此教典相持于不敝，岂尚有伦类之纷之，致违吾教者哉？

浑沉潜高明之异用，而不患有偏材。

范达财成德之殊途，而共偕之大道。

其无类也，惟有教故也。此圣人之所以为百世师也。

体会注意，将"类"字初终分合，看得了然。"教"字本末源流，自写得圆足。洗伐愈深，发越愈大。读者须知其清而厚，和而劲，骨节神韵，皆得古人真处。放阶。

东乡所谓能使一题之境弥天际地者，惟此等文足以当之。

受业于凌云识。

师冕出。子张问曰："与师言之道与?"子曰："然。固相师之道也。"

求圣道于言,固无言之非道也。

夫子因相师而有言道,固然也。于师出后历想之,其道不昭然可睹欤?

且昔师冕之请见也,望圣人之道而未见异,一闻圣人之言,迨子以言诏之,亦既闻所闻而出矣。顾圣道之大也,以无心遇之见,因物以付之妙。以有心求之见,无行不与之怀。而言道而道在者,不言道而道亦无不在。

不然,圣人之道,广矣大矣。圣道之见于言者,至无尽矣。惟吾党心知之,于师乎何与?岂待默识于师未出以前,谛审于师既出以后,而始足以见道哉?

然而道有不待言显者,侍圣人之侧,而亦步亦趋,咸默契于不言而喻之天。而遵循恐后,则见圣无非见道也,而道之流示也化而神。

道有必以言传者,游圣人之门,而或语或默,恍相示以与道大适之乐。而昭若发蒙,是其道即寓于其言也,而道之防维也曲而当。

顷者,师冕出矣。其所以成礼而出者,师为之,而非师为之也,以有子之言在故也。子言之,而子亦非无意言之也,以有师在故也。是果何道哉?盖动容周旋之皆中。其受圣人之指示,而引之至道者,宛相觊以拟,而后言议,而后动之神,而范围曲成之不遗。其奉圣人为依归而无适,非道者更何?有于危而不持,颠而不扶之患。夫不观师之有相耶?其道不当如是耶?

是道也,殆即与天道相辅者也。形有亏者性未舒,彼苍莫平其缺憾。有道焉以相之，而官止于符者，性无不适焉。盲于目必不盲于心，而昭昭者示之程，俾昏昏者开其悟。觉向时之局蹐，乃忽游于覆载之宽也，道固然也。不然，未出以前，师何以克慎尔止？既出以后，子何以不歉于怀耶？则谓圣道，即天道可也。

是道也，殆又与王道相权者也。神欲行者官若止，圣王时切乎哀矜。有道焉以相之，而利有攸往者，神无不恬焉。穷于视必不穷于听，而怅怅乎其何之，亦冥冥焉其不堕。觉当境之提撕，乃更切于恫瘝之隐也，道固然也。不然，师未出而聆其言，道何以流露于言外？师既出而求其道，道何以即寓于言中耶？则谓圣道，一王道可也。

然则是言也，师闻之，张闻之，而究不知道为何道也。则圣人之大也，又何怪出者漠然，而问者殷然耶？

能于偏端见"道"字全体，于一节见圣人全身。故只信笔疾书，而起伏转落，尽成波澜。变化操纵，都归法度。此真得震川之精粹者，时手何从津逮。受业谢荣埭识。

友直，友谅，友多闻，益矣

即善取友者明其益，知益友自有真也。

夫友自有直谅多闻者，特未友之，则益无由见耳。子故为取友者明其益欤！

今夫人无往非集益之地，而特患不能求益于一心。心虽不敢自是，而过或无由闻也。心虽不敢自欺，而意或无由慊也。心虽不敢自满，而辨识或无由开也。此其益，惟知心者予之，而实惟虚心者受之。友之三益安在哉？

人惟独学无友，谓率性自不邻于枉，慎独自不涉于私，博文自不同于陋。而孤行己意，卒莫得修身诚意致知之方，则借而资之者未豫也。

人即广益集思，谓监史亦可以纠愆，礼仪亦可以防伪，典籍亦可以生明。而泛骛兼营，莫由收刚健笃实辉光之助，则习而化之者未深也。

今夫人以有所惮而不为者，亦以有所策而必为，惟友之，而规一过无容委曲，有益何患逆于心。劝一善无所阿谀，有益何必逊于志也，则益孰如直。

今夫人以言相感而足信者，以心相感而愈足信，惟友之，而考其行朴诚无妄，益在伦纪之交。窥其意坚白不欺，益尤在性天之蕴也，则益孰如谅。

今夫人扩一己之识而识以广者，集众人之识而识乃益广，惟友之，而一讲习不虞孤陋，益在名象之文。一论说足启愚蒙，益尤在灵莹之府也，则益孰如多闻。

盖在友之能益人，自不徇人也。则直非沽名，谅非必信，多闻非爱博。原皆可以为取益之资，诚使回邪泯矣，复不涉于虚浮。

朕诚见矣，复不流于訔鄙。则其不虑友之饰非，而惟矫以直。不虑友之载伪，而惟示以谅。不虑友之空疏，而惟勉以多闻者，友固已相觊非虚也。而其益之获于严惮切磋者，断然矣。

而在取友者之求益己，必求胜己也。不以绞急为直，不以小信为谅，不以涉猎为多闻。又惟切求夫受益之实，诚使尤悔寡矣，复求进以真诚。虞诈忘矣，益求归于博洽。则矫以直，而我有畏友。示以谅，而我有信友。勉以多闻，而我更多良友者，又取友之虚怀若谷也。而其益之集于身心耳目者，裕如矣。

欲取益者，尚慎于所友哉！

题意重三"友"字，盖友能益人，仍须我去友他，始能获益也。注定此旨，切实发挥，而文心清穆，毫无嚣张之气。兄岭松。

乐节礼乐，乐道人之善，乐多贤友，益矣

能谨其所乐者，其益可兼收矣。

夫节礼乐，道人善，多贤友，皆所以求益也。所乐如是，其益不自宏哉？

且自来取益无方者，欲斯理之饷遗于一心也，必先浃洽于一心。故精其心以揆理之至当，则陶淑必深。虚其心以验理之大同，则揄扬必切。广其心以期理之兼收并蓄，则讲习必殷。乃知启心即所以沃心，理之相觊，诚无尽也。益者三乐，所乐果何在哉？

古圣人本中和为履蹈，而延誉者不违懿好，教育者悉属英才，性量既极其浑融。斯观我观人，罔非高深之助。

古君子以爱敬治性情，而出诸口则有技能容，乐其群则同声相应，夙夜必求其实获。斯问心问世，胥关研悦之功。

有礼乐焉，夫非可资陶咏者乎？浅之在防情防伪，精之至同节同和。非乐为节之，则情先自窒。惟一念之精勤，直隐与秩然油然者相浃。则节以有形之律度，而德产弥精。节以无象之持循，而渊衷愈粹也，是彬彬乎礼乐选也。

有人之善焉，夫非可资效法者乎？闻一言则不啻箴铭，见一行则堪为模范。非乐为道之，则情尚相暌。惟平时之奖许，直欲与心藏心写者俱深。则道其一端之可采，而葑菲无遗。道其众美之咸归，而江河若决也，是乐善不倦者也。

有贤友焉，夫非可为观摩者乎？共居稽则心同兰臭，资攻错则石借他山。非乐其多焉，则情犹未畅。惟寸衷之爱慕，时欲与同方同术者为群。则多所闻以开孤陋，而交尽有功。多所见以树仪型，而视皆莫逆也，是见贤思齐者也。

若此者，岂遂敢自谓乐之有益哉？然而益矣。

　　盖求益者，必力制其情之所逆。节礼乐而神愈瘁，道人善而短愈形，多贤友而过愈难。文艰于乐，斯乐自有真，是诚增益不能者矣。日用间多一研穷，即性分中多一精进。不自弃乃能自爱，其裨益安可限量哉？

　　抑受益者，又必默循其情之所顺。礼乐本自有之，节和人善本同然之，懿德贤友本可恃之。先资深于乐，斯乐无可易，是诚集思广益者矣。宥密中增一嗜好，即学问中增一功能。能自好乃以自全，其获益岂犹浅鲜哉？

　　人亦慎所乐，以自求有益焉可矣。

　　从三项写出益来，即将"益"字归入乐上。局正词醇，神恬气静，是绚烂极而归于平淡，研炼深而底于自然者。紫峰。

学而知之者，次也；困而学之，又其次也

两举次于生知者，知学之大可恃也。

夫学而知，与困而学，较之生知，亦仅次与又次之分耳。人何勿以学自勉哉？

且夫学问之际，有不得不降心以从焉者，非不知取法之贵上也。挟一取法乎上之心，而天事有以限之，则人事必起而争之。至人事尽，而天事之优不能专美焉。而学之各如其量以相赴者，乃益不容自谢已。

今使言知，而必尽生知也，则天下无往非上焉者矣，亦无待别为上焉者矣，何必降而思其次，且降而思其又次哉？

特是天下未至之途，皆可悬已至者以为的，彼生知特其已至者耳。而未至者可共至，则已至者非独至，固不必虑渐次以至者，其功候稍殊也。

天下难获之事，不得援逸获者以为程，彼生知固其逸获者矣。而难获者获于后，逸获者仅获于先，正不容谓按次以获者，其操修有异也。

则以有学在也，夫其次焉者，非即学而知之者乎？其又次焉者，非即困而学之者乎？且夫言知而仅次于上，难矣。即又有次焉者，夫亦正不易矣。使学而未至，方且不敢言知。使困而未亨，方且不能言学。此其视生知者之知，品地悬绝，如谓较之上而仅次焉，较之上而仅又次焉。且驯而至之，并能化乎次，与又次之迹焉。夫岂可必之数哉？盖吾于是，而知学之大可恃矣。

向亦虑学焉者之太自勉强也。乃既学而知之，则即勉强，亦即自然也。夫天下事，惟渐近自然者为足快耳。别夫上以言次，而性与反观其分正。继夫上以言次，而性与反亦观其合矣。

向且谓困焉者之只形扞格也。乃既困而学之，则亦扞格，乃亦会通也。夫天下事，惟观其会通者无所阻耳。离夫次而言又次，而甘与苦有殊情。乃合夫上而言又次，而甘与苦终归一致矣。

而惜也，犹多次与又次之名也。次者犹近夫上，自勉可以幾安。又次者稍远夫上，积愧亦以生奋。成功总归于一辙，未尝少有歧趋。其由学而渐进于知，由困而始加以学者，不过气质所赋，略分差等耳，而天事岂能相限哉？

而幸也，仅有次与又次之间也。学焉者之所知，即上哲何容多让。困焉者之所学，虽纯修亦服精能。赋畀即偶有不齐，亦只稍殊难易。其由次而竟臻夫上，由又次而能超乎次者，举凡偏毗之弊，尽可弥缝也，而人事不更有权哉？

彼不学者，不能取法乎上，则亦已矣，亦何弗与次、与又次者共加勉乎哉？

有生知在，原难抹次与又次分际。然犹幸有学在，才得成次与又次分际。天下中材居多，圣人勉人为学，亦惟于此两等人语长心重也。仰承俯注，宛转关生，是轻拢慢撚，而神韵双清者。受业孙成基识。

言思忠，事思敬

合忠敬以交勉，言与事皆诚于思矣。

夫孰是无言与事者，而忠敬则难也。思忠思敬，君子所由交勉欤！

且夫人修辞之学，与慎动之功，非徒以其迹也。要恃有渊然内敛之一心，实其心以贯之，而一语无容或伪。小其心以持之，而百行无敢或疏。举口过身过，而胥于一心受治焉。若此者，吾又得之思诚之君子。

今夫君子未有不慎言者也，而积诚以达之，则为忠。君子未有不敏事也，而设诚以行之，则为敬。观君子者，孰不谓其言自忠，而事自敬哉？然而君子皇然矣。

谓是无妄与物，此心安往而非忠，乃一验诸言。而无心言之，而气或浮。有心言之，而情或伪，则感人之浅犹后也。自恃为忠，问心已滋愧也。

谓是惕厉未遑，此心安往而非敬，乃一见诸事。而以喜事者任事，而矜心以生。以畏事者应事，而怠心以起，则惇行之实安在也。自信为敬，摄心尚未严也。

自非合言与事，而诚之于思不可。

特是忠敬之难也，必惩乎不忠不敬之失，而后举言与事，而以思摄之。务外著之英华，始笃内心之真实。阅百为之蕃变，始崖一念之忧危。将不能恃原以往者，而其忠以漓，而其敬已弛也。

不考诸一言一事之微，而第悬忠与敬，而以思勖之。肫挚自盟于幽独，持论或已消虚车。纠虔时切于斋居，应务或尚虞履错。则不能随境自验者，而忠犹未尽，而敬犹未纯也。

君子何如哉？

未言未事之先，心似虚而无所丽。而盈缶之孚，捧盈之念，固必有制于虚者，默勘诸神明。至统言与事而实绳之，君子何弗自危乎？夫危之则必思之矣。渊默犹矢肫诚，而言何敢玷。寂处犹存俨恪，而事何敢隳。兢兢焉无言而心若有言，无事而心若有事者，皆思之所迫而形者也。而矢口无患其易矣，而饬躬无患其难矣。

既言既事之后，心似显而有可凭。而勿贰之忱，无荒之志，又恐有忽于显者，致滋乎尤悔。至举言与事而隐防之，君子何弗自励乎？夫励之则愈思之矣。由衷以出于言，尚虑有过辞。刻意以绳于事，尚虑有过则。凛凛焉言有尽而心无尽，事无穷而心愈无穷者，皆思之所固而存者也。而立论何患其多矣，而成功何患其少矣。

而君子之思则犹不止此。

"思"字作一呆疏语，便是笨伯。文先从反面侧面极力翻腾，拍合正面，仍不使一平笔。忠敬实理既透，"思"字精光俱露。发挥无量，操纵自如，选本以为天姿学力，兼擅其胜，诚哉是言。惺夫。

处处为"思"字钩魂摄魄，却无一"思"字佽侗语可以移置他题。文心之绵密，文律之周详，正须慧眼人领取。受业于凌汉识。

子曰："性相近也，习相远也。"

圣人欲人慎习，即相近者而推所远焉。

夫习固有相远者，然原其性自相近也。人可不慎所习哉？

尝谓气有清浊，而理无纯疵。人自有生以来，而至善之理咸具，此不得以远言，并不得以近言也。惟理与气合，而有性之名。于是制乎气以纯乎理，与违乎理以任乎气者，遂日变月化而有习之名。习之久，则知有习，而不知有性。且狃于习而厚诬其性，无怪乎习日锢而性日漓也。

子曰：今天下皆习中人也，亦谁是由委溯源，而静以验吾性者哉？则吾得原其相近者，以明其相远之故。

性与道异，道主乎岐出，而性实得其统宗。故人有与道远，而无有与性远者。明乎性固命于天，而全而畀之者也。

性与才又异，才见于云为，而性则原于本始。故才与才有相远，而性与性无相远者。明乎性固降于衷，而顺而安焉者也。

相近也，然则始相近而卒至于相远者，非习之咎，而谁咎耶？

生人邪正得失之端，必自其显然者而判之，判之于其习也。自一息之从违，以至于终身之成败，亦既合之无可合矣。而试返诸其性，智愚贤否之名，原不立于毗阴毗阳之始。无他，习有为而性无为也。故习于善者，既以完其性所固有。习于恶者，要难诬其性所本无。

古今惠迪从逆之理，亦自其已然者而决之，决之于其习也。自一念之修悖，以至于百为之臧否，亦既淆之不容淆矣。而试溯乎其性，福善祸淫之说，原难施于无形无感之先。无他，习无定而性有定也。故极习于善者之类，性功不形其有余。极习于恶者之类，性理非处于不足。

世有以性为可凭，而谓习自不能相夺者。则将任其性，而习之为累愈深。庸讵知目染耳濡，性固难与习争乎？违物则则内美皆亏，化奇衺则中材可畏。相近者无能异视，相远者亦难与齐观。此乾坤所为，次以屯蒙也。谓天谢其权者，人实自操其券也。

世有以习之既久，而谓性遂无由而复者。则将溺于习，而性之梏亡愈甚。庸讵知含生负气，性自不因习泯乎？人禽虽判于去存，明强可求诸困勉。相近者可以推而远，相远者亦无难引而近。此荡平所为，化乎偏党也。知力制乎习之所以异，即可共明乎性之所以同也。

然则所谓习与性成者，亦习之害吾性而已，人可勿知所返哉？

“性”字分际审得真，性习关头断得定。由性入习，由习返性，上下句筋脉钩得紧，亦翻得醒。撷儒先之菁华，发圣言之阃奥。明白晓畅，宛转关生。《楞严》之七处征心，徒词费耳。惺夫。

通体不平放，与归太仆作异曲同工。受业孙成基识。

君子学道则爱人

首述学道之训，化行于君子矣。

盖未有君子而不当爱人者，即未有爱人而不本于学道者。道不已有然耶？

且以一人之心，隐与千万人之心相维系，其念念不忘斯人者，实念念不忘斯道也。天下无远人之道，而道之济能周。天下皆慕道之人，而道之行自上。一行作吏，窃愿与有官君子希道洽之规焉。昔者我夫子尝为君子训矣。

今夫君子，固学而后人政，而即以政学者也。学乌在，在道。道乌在，在人。

惟夫子深观夫先王之道，既日变为刑名，而法之作也益凉，政之苛也益猛。遗爱已邈，乃徒叹斯人之患，气终无自平也。

因切念乎儒者之学，必兼达乎法术，故恤刑戒以勿喜，善治不外胜残。博爱近仁，而后知道力所维持，尽蒙其泽也。

夫不曰君子学道则爱人耶？

万物之日启其争也，无泛爱之隐，斯心因以嚣，道则足以平之。盖道原于天，君子所学，能达观乎不私一物之量，将同胞同与，廓乎有容，物私而道自公。公则爱之所由溥也，而天下皆可爱之人矣。

众情之日趋于刻也，无深爱之心，斯俗益以薄，道则有以和之。盖道原于性，君子所学，先自具夫能尽其性之诚，斯无虐无戕，蔼然相接，情暌而道能达。达则爱之无弗亲也，而天下无不爱之人矣。

必坐致乎泽润生民之治，而后能广行吾道，则谈道已迂。古君子施仁于百里，而化洽睢麟。分陕在一隅，而讼平雀鼠，亦岂有异道耶？夫道固无有偏全耳。惟内验所学，不敢不爱古人。斯出行吾道，不敢不爱今人。恺恻之性，经陶淑而益醇，于此见经济之异乎权术焉。

必远骛乎万世永赖之功，而后为不负所学，则言学已夸。古君子一夫未获，固曰时予之辜。一命甫膺，亦期于物有济，夫岂有异学耶？且学亦各有体用耳。惟所学者，皆范围斯人之道。斯所爱者，即共由斯道之人。饥溺之怀，自穷居而已定，于此见经术之播为太和焉。

武城不亦有君子耶，而可不与闻斯道耶？

194

写学道所以爱人之故，博大精深。却正见得道可随时而尽，爱可随地而施。便与牛刀一喻，针缝相对，志和音雅，气厚理醇，文之足觇福泽者。心斋。

不曰坚乎，磨而不磷；不曰白乎，涅而不缁

圣人以坚白自信，磨涅非所虑矣。

夫以磨涅为患者，患其磷且缁耳。而不有坚白在乎？何弗为不入者进一解乎？

且人苟以挟持无具之身，而漫相尝试，则不能转移一世者，世反得而转移之。庸讵知守节无如达节，而通权自足行权，亦视乎素所树立何如耳。而由乃执不善不入之说，谓天下遂无可入哉？

人不可徇人，亦何可绝其轻绝之者，我先有所不足者也，岂遂无不绝人，而自不徇夫人者。而硁硁之守何其迂，而察察之情何其矫。

俗既可化俗，何不可谐其不能谐者，我先无以自立者也，岂遂无能谐俗，而并不为俗化者。而硗硗何患其易缺，而皎皎何患其易污。

今夫天下，有两相反而适赅之累者，此磨与涅之说也。有两相习而遂与之化者，此磨而磷，涅而缁之说也。有两相妨而必与之远者，此易磷而遂不磨，易缁而遂不涅之说也。然此亦特为不坚不白者言耳。

夫彼与此，以相乘见胜。我既失其所恃，纵瑕瑜不掩，泾渭不淆，且将夺于无端之牵引。

惟身与世，既时措咸宜。我即不峻其防，而介石之贞，素履之往，直一任乎外物之推移。

不曰坚乎，不曰白乎，尚何磷与缁之足虑乎？

徒挟其果毅英敏之才，借磨涅以自明素抱。则所养不深，曰坚曰白，岂必因磨涅而显乎？磨我者自不坚，见夫确乎不拔，而转惭内荏。涅我者自不白，见夫皭然不滓，而转好洁清。入磨涅

之场，不独曰远乎磷缁。而磨且涅者，已爽然自失也。倘绝物以鸣高，或转虑坚白之无由共见耳。

曾未经摧陷廓清之力，假坚白以自信平生。则其原已薄，不磷不缁，何弗因磨涅而见乎？惟我先自弭其隙，则砺名砥行，无可磷而何惮于磨。我先自涤其源，则浴德澡身，无可缁而何妨于涅。谢磷缁之累，亦只自完其坚白。而磷与缁者，已相观而化也。欲乘时以自见，转觉此磨涅之正不可少耳。

执不入之说者，乌知其无入而不自得耶？

坚白认得真，磨涅自看得平淡。不磷不缁，乃愈说得自然。圣人无入不得之天，与过化存神之妙，俱见于此。语以朴而得奇，气以郁而愈畅，殆神明于王钱家法，而不袭其貌也。均庵。

可以观，可以群

合观与群收其益，《诗》不仅可兴矣。

夫不有所以观，乌可观。不有所以群，乌可群。而《诗》不已并备其益乎？

且世阅世而事异，人阅人而情同。不征诸异则事多昧，而涉世者罔弗昧。不验诸同则情易乖，而待人者固弗乖。考其事于千百世，公其情于千万人，而事之递异者见，而情之大同者亦见。亦安得谓《诗》之仅可以兴哉？

今夫人必有定识，而后有定志。使闻见一锢于俗，而三代下绝无真是非。将不明乎人之善败，弊犹小。不明乎己之得失，弊乃大也，则观难也。

人必不薄今人，而后能爱古人。使结纳一狃于私，而侪辈中绝无真好尚。将迹近于暌孤，虑犹浅。心纷于征逐，虑更深也，则群难也。

然亦孰有可观可群如学《诗》者。

向亦虑执一说而未观其通，执一见而未观其大，初莫得其所以观也。自有《诗》，而往昔之贞淫正变，悉与在我之修悖为衡，遂昭昭然发其蒙而罔蔽焉。则观于其盛，可法亦可传。观于其衰，可戒并可劝也，而何弗以是观。

向亦患同群而或失之党，离群而又失之孤，初莫知其所以群也。自有《诗》，而往哲之赠答周旋，默与在我之从违相勘，遂油油然与之偕而自化焉。则乐其群者，可暂亦可久。涣其群者，可合亦可分也，而何弗以是群。

初不过古人可与稽，今人可与居之事。而返而内验诸性情，是学《诗》者通乎古今之性情，以自淑其性情者也。纵《诗》不尽可观，而所以濬其灵者备。纵《诗》不尽可群，而所以孚于嘉者存。环阶有歌咏，而俯仰各得其深，我小子尚其合古今而证之。

只存一决疑于万事，类情于万物之心。而隐以辨微于善恶，是学《诗》者觳乎事物之善恶，以自绳其善恶者也。即观不仅以《诗》，而《诗》之美刺已非虚。即群不必以《诗》，而《诗》之温厚已具见。风雅归扢扬，而身世能祛其蔽，我小子尚其综事物以衡之。

然而《诗》之益犹不止此。

写观群，能于浅肤中透入一层。写《诗》之可观可群，能于铺叙中超出一层。昔安溪先生谓陶石篑制义，字字皆经陶炼而出，文乃直擅其胜。祁春浦师。

文之和平乐易，出自性情，不可假借。正使后生小子展诵再四，不得不返求诸身心也。受业钟明奎谨识。

君子之仕也，行其义也

原君子欲仕之心，不敢以洁身废义也。

夫义为其义，固必以身行之者也，不仕则义废矣。而谓君子能已于仕乎？

且畸士竞言高尚，而君子弗取焉者，夫岂欲徇身于利禄哉？盖其迫待于吾身者，有必不容已之情。其厚责于吾身者，有必不可逃之分。准情与分而义起焉，而用世之隐衷昭然若揭已。

彼洁身而废义者，岂不谓义系于君臣，而于吾身无与哉？抑知君子固以仕之义为其义者也。

君子知义定于天，彝伦不可自我身而斁。傥隶司徒之版，莫知元后之恩，则其天已薄也。仕之途未开，义之路将先塞也。

君子知义根于性，秩叙不能外我身而修。傥入世只以温饱为图，遁世遂以林泉为乐，则其性益漓也。仕之心不挚，义之气无自伸也。

夫君臣之情隔，惟仕足以通之。则义行于朝，义并可行于野焉。泰交之盛也，鹿鸣以为宾，嘤鸣以为友，其义固众著于堂廉。即至伏处穷居，久自甘心落寞。而傅岩犹可通诸梦，莘野亦或辍其耕。古君子慷慨激昂，各自效知己感恩之报。君不忍弃臣之身，臣何敢忘臣之义也，仕以尽吾情焉尔。

君臣之分殊，惟仕足以合之。则义行于上，义并可行于下焉。大猷之升也，尊之为四辅，亲之为四邻，其义固倍昭其烜赫。即在微员末秩，无由裨益高深。而兽臣敢告诸仆夫，兔罝亦推为心腹。古君子宣猷效职，各自摅尊君亲上之忱。臣不敢爱臣之身，臣何忍悖君之义也，仕以循吾分焉尔。

然则其仕也，义为重，则身固在所轻也。吾行所欲行，盛业著钟鼎而非夸。吾行所难行，历聘阅关山而不悔。夫亦谓如堂如陛，大义本天地为昭。故君子常有维世教之心，君子断无有薄功名之念。

且义既严，则身益不敢亵也。我行此义而人不行，慨风雨之如晦而其机难转。人行此义而我不行，借箕颖以逃名而其本已亏。况一念人纪人纲，此义实古今共炳。故君子本无慕富贵之意，君子实不愿高肥遁之风。

使义行而道行，则仕之维系于人心世道者非浅也，隐云乎哉！

　　语语与"不仕无义"句针缝相对，缘隐士能委仕于身外，不能委义于身外。只将"义"字打入身上说，便足起若辈沉痼。理明意确，色正芒寒，通体无一懦词，无一懈笔。惺夫。

君子学以致其道

道有由致，惟以学自勉而已。

夫道外无学，学外亦无道。欲致其道之君子，可勿以学自勉哉？

且盈天下皆道也，而欲以明道行道望天下，则皆以为难，岂真道之难尽哉？道无止境，不能专其心以究之，则见道浅也。道无歧趋，不能并其力以赴之，则体道亦疏也。盖尝观居肆成事于百工，而恍然于君子之必由学矣。

今夫世所贵乎君子者，以其为道中人，实以其为学中人也。

道原于天，学则尽人以达天。夫天人之际，亦甚悬绝矣。而党庠术序，永其趣于弦诵，觉此中之引我神明者，遂无非入道之门也，而不学者不知也。

道率于性，学则尽性以至命。夫性命之故，亦甚微妙矣。而游息藏修，殚其功于研悦，觉此中之绝无旁骛者，适成为造道之径也，而浅学者不能也。

惟有以致焉故也。

今天下固有自外于道，而半涂而止者。夫道在而半涂止之，则学将废，而究何可废也。伦常日用，皆有亲切可按之图。深造之曰致，而务期自得焉。斯千古有实学，而道无自画。

天下亦有偶涉乎道，而躐等以几者。夫道在而躐等几之，则学亦荒，而究何可荒也。行习知能，实有循序渐进之候。左右之曰以，而取自逢原焉。斯千古有正学，而道绝纷歧。

君子何如哉？

其心之与道相习者，既隐摄于入学之初。道之用常散，而学则分以致之。春秋礼乐，冬夏诗书，亦既多其径途以相引。焉往非学，则亦焉往非道乎？夫论道之本体，即不学之始而已全。而要其巨细精粗之数，学之而知，不学则仍不知也。盖至广大致而精微，尽而学直贯乎天人，则道之由合得分者，皆其纯心致之者矣。

其力之与道相持者，又坚守于积学之后。道之体自凝，而学乃合而致之。物有本末，事有终始，方且综其全量以为程。学不止一学，道岂有二道乎？夫语道之终穷，虽殚学之功而难竟。而要其层累曲折之序，学之而至，不学则终不至也。盖至中和致而位育，昭而学直赅乎性命，则道之由分得合者，皆其全力致之者矣。

吾于是益恍然于君子之必由学矣。

重发集注前一层，而后一层意亦包括得住。"致"字直写得彻首彻尾，毫发无遗。其理精醇，其神冲雅，故不待涂泽而光采自生。蕊岩。

望之俨然，即之也温，听其言也厉

即容与辞而递拟之，君子之变莫测矣。

夫俨然与温与厉，君子亦何所容心，而望之即之听之自异也，其变讵可测哉？

且圣人与天地合德，其接人以义者，即天地之尊严气也。其接人以仁者，即天地之盛德气也。而仁义臻于浑化，则有抑抑之隅，有雍雍之度，而即有秩秩之音。几令群弟子莫能遍观而尽识，试与验其变于君子。

今夫动容貌，正颜色，出辞气，君子原属无心。而夏日之畏，春风之和，秋霜之肃，所由气备四时者，流露要自有真也。

且爱而畏，则而象，尊而行，侍君子者何尝或忽。而无端而宽栗，无端而愿恭，无端而扰毅，所由吉彰九德者，拟议要难遽罄也。

不然，人之未见君子也，或疑为蹈厉之容，或疑为温文之度，使不从而望之。孰知瞻视衣冠，固若是其俨然乎？夫俨若实安民之基，思原乎敬。俨恪为成人之道，色异乎愉。君子有之，殆刚不怒，亦柔不懦者已。

顾望之者，方谓俨然而可畏，亦必色厉而难亲，几不敢于即之。孰意和气婉容，固如是其温乎？夫温原于直，胄子借以平情。温出以恭，先民所由执事。君子有之，殆又无遽色，亦无疾言者已。

审是，而君子亦既可望可即矣，将不仅以硕大且俨方之，或可以温其如玉拟之。而孰意听其言，则又厉甚。夫容之厉也主乎肃，足扬盛气之休。音之厉也异乎粗，讵关怒心之感。君子有之，殆又身为度，亦声为律者已。

今试就同堂拟之，由之行行似俨然，损之訚訚亦似温，赐之侃侃亦似厉。君子则大而化焉，不已惟变所适乎深。想象于天倪，只觉《礼》之庄敬，《诗》之敦厚，《春秋》之简严，皆体备于化，不可几之诣。

即就群圣衡之，而望之者，亦清圣之望望若浼也。即之者，亦和圣之油油与偕也。听之者，亦任圣之嚣嚣乐道也。君子独集而成焉，何弗变动不居乎极。形容于盛德，又若齐庄中正，宽裕温柔，发强刚毅，已毕著于神，不可测之天。

非天下之至变，其孰能与于斯。

只是君子一个圆，相而望之即之。听其言者，自觉其变，君子无容心也。讲下划清眉目，中后一气呵成。虚实兼到，真有变化从心之乐。少青。

夫子之不可及也，犹天之不可阶而升也。夫子之得邦家者，所谓立之斯立，道之斯行，绥之斯来，动之斯和

圣之难及拟乎天，可历征诸德化焉。

夫不可及者，而至拟诸天，夫子安往非天乎？立道绥动，可于得邦家时历想之。

且自有法天之圣入而戴天，而忘天之高者，遂见圣而忘圣之化。庸讵知配天者圣功，而峻极难几，其道参天而立。继天者圣治，而神明莫测，其化代天而行。盛德大业，非可一言尽也。子盍深观我夫子乎？

今夫天生圣人，直欲使天所覆帱者，咸受圣人之帡幪。即事功永著，而与天合撰，圣量已极其渊冲。游其宇者，仰而企之，则拟议易穷也。

天生圣人，又欲使天所相协者，悉受圣人之裁成。即声教未敷，而奉天弗违，圣心已形其广运。宅其下者，进而几之，则攀跻已绝也。

我夫子一天而已矣，天不可阶而升，而谓夫子犹可及也乎？

性功之原于天也，克复者或有迹象可寻。子之性惟天纵之，而律天者，悉行所无事。盖天无心，圣无为其冲穆犹是也。而性功之推而皆准，不容以迹象求矣。

学术之全乎天也，困勉者可以意计相测。子之学惟天知之，而达天者，纯任乎自然。盖天无言，圣无隐其浑融犹是也。而学术之措而各正，愈难以意计测矣。

夫不观其得邦家时乎？立道绥动不皆天之为也乎？

必谓亮天工，治天职，始足为圣人想像其崇高，则言圣已浅。

然不可及者，不仅于隐微见也。其道超乎万物之上，而则效已绝其缘。其心运乎万事之中，而被泽胥忘所自。则虽事权未属，而所谓立之、道之、绥之、动之者，早有经济之可稽试。就不可及中略举其规为，而已复乎莫尚若此也。裁成辅相，天工可代，而不言工夫。孰是化驰若神，如我夫子者哉？

必谓敕天命，法天行，第可与圣人隐探夫内蕴，则论圣亦拘。然不可及者，又不待以事为显也。其神默存于巍巍之表，而仰望不可力追。其心历宣夫翼翼之猷，而摹拟卒难强获。则虽政柄已专，而所谓斯立、斯行、斯来、斯和者，决非经营所可至。即就不可及中侈言其化理，而究浑乎无迹若此也。范围曲成，天事已治，而若无事。又谁得以粲乎得所者，尽我夫子也哉？

德至矣，夫子一天而已矣。

以"天"字贯串全题，以"不可及"函盖全神。机局浑成，精神团结。有钩心斗角之巧，有飞行绝迹之奇。受业张春青识。

谨权量，审法度，修废官

稽周王之定制，无一不本于中焉。

夫权量、法度、废官，固宜谨、宜审、宜修者。非本于中，何由一一定其制哉？

且图治者因时立制，有治具，有治法，有治人，而要必协之以中。中者，治之原于心者也。小其心，以定轻重多寡之衡。精其心，以酌因革损益之准。而又裁制于心，以为设官分职之方。圣王于此，盖兢兢焉。

今夫《尔雅》释权舆，知权为万化所自始。《夏书》纪同量，知量为百物所由均。自敛怨为德以来，市殊权，家别量矣。而王者以为抑扬进退之衡在隐微，消息盈虚之理在天地，使有一物焉未与中相协，吾心奈何弗谨乎？夫乾之二曰谨，坤之四曰谨，谨固帝王之心法也。诚于昼夜均平之候谨之，则驵琮掌自玉人，而天子为权宗后，为权之法备。金锡煎于桌氏，而家量以贷公量，以收之弊除。权衡诚设，而嘉量既成，斯为用中于民者哉！

今夫太宰以法治官，知法统乎大纲小纪。司徒以度教节，知度兼乎训俗型方。自屏弃典型以来，法以坏，度以败矣。而王者以为成宪创自祖宗，大典驭乎朝野，使有一事焉未与中相协，吾心曷其弗审乎？夫乐必审音，刑期审克，审固哲后之精明也。诚于大定永清之始审之，则法悬于象魏，而始和而布，浃旬而敛之制详。度式如玉金，而以昭德音，以形民力之美著。为天下法，而为诸侯度，斯为设中乃心者哉！

今夫驺虞以乐官备，秩定乎左右疑丞。王制以辨官材，能效于先后奔走。自放黜师保以来，废厥职，畔厥官矣。而王者以为唐虞惟百非主减，夏商惟倍非主盈，使有一职焉未与中相协，吾心可任其不修乎？夫德曰聿修，猷曰践修，修固人主之性功也。诚于列爵分土之际修之，则有其举之莫敢废，具见有冯、有翼、有孝、有德之隆。不有废也何有兴，可挽无反、无侧、无陪、无卿之失。百废具举，而庶官乃和，斯诚咸中有庆者哉！

故读《月令》而权概以正，读《旅獒》而百度以贞，读《周礼》而庶官以定，既大改夫商王受之规模。

而告小子而五权有作，宏大道而度训有作，访民事而官人又有作，罔不遵夫新天子之声教。

而政有不四达不悖者哉！

抱定章旨，故征引极博，而思议皆精。于经训见性灵，于整齐得变化。是法成弘体制，而以启祯材力行之者。惺夫。

君子正其衣冠，尊其瞻视，俨然
人望而畏之，斯不亦威而不猛乎

威可畏而人畏之，美以不猛见矣。

夫望其衣冠瞻视而以为俨然，则畏威者，非畏其猛也。威何弗美哉？

尝思德威惟畏，威也者，德之隅也。而人之畏君子，则见其德，而适以见其威。盖一属目而气象殊焉，则其震慑之神明，非特作威者不及知。即畏威之人，与有威可畏之君子，均有不自知者。知此，可与言不猛之威之美。

今使语君子曰，人已莫不畏，则君子必皇然念，谓我未与人相见，而以威棱惮之，是猛也，何敢言威。

即使语君子曰，人已望而畏，则君子又必反而思，谓我方欲与人相见，而以威克闻焉，是威也，适成为猛。

而望之，而畏之，而只见威，不见猛，则何以故？

盖玩忽之心有所摄，则不严自肃。是虽未与境接，而若无象若有象者，已隐生其俨恪之精神。

肃穆之地无所际，而其度已昭。则当方与境交，而若有形若无形者，自显呈一严明之意象。

其畏也，非畏其猛也，似俨然故也。俨然者何，则即君子之正衣冠，尊瞻视也。

然则谓君子仅以衣冠瞻视见乎？则耳目之前有君子，神明之际无君子。象焉者，不借意焉者。以默夺其忱，而君子之威，何以与于斯。

谓君子不以衣冠瞻视显乎？则神明之际有君子，耳目之前无君子。内焉者，不借外焉者。以显祛其玩，而畏君子之威者，又何以至于斯。

乃吾审量于斯，而知君子之威。

无戾情，亦非任情也。性之既弥形，斯践之穆穆皇皇，作其肃于端冕凝旒之候，而猛何与焉。人见为俨然之时，正君子必正必尊之时。靖亵玩于无言，斯不亦雍容有度乎？

抑能壹志，斯能戢志也。中之既定仪，实则之雍雍肃肃，凝其神于垂裳作睹之先，而猛何有焉。人见为正与尊而俨然之会，正君子以正与尊消其猛之会。著丰裁于无事，斯不亦意象自恬乎？

此威所由美也。

善于用逆，故控驭最紧。善于用翻，故运掉最灵。善于用蓄，故起伏顿挫，最有变化。一片神行，十分火候。固知胸有成竹，非枝枝节节而为之也。紫峰。

不知礼，无以立也

君子有所以立者，非知礼不为功也。

盖礼固人之所恃以立也，不知则违礼者多矣，安在其可立哉？

尝谓礼也者，履也。古君子非礼弗履，故曰履而泰然后安焉。顾礼必得其所安，贸贸者竟不顾其安。而又据其不安者以为安，亦只见傀焉者之终于不安而已矣。

今夫官骸者，吾人所恃为载道之器，而不可无以束之也。威仪者，吾人所恃为定命之符，而不可无以摄之也。则能自立者尚焉而立，果何所以哉？亦曰，身之基惟有礼，而礼之实贵能知。

知礼之意主乎敬，而存之不见之地，而敬者昭之共见之地，而亦敬其立也，有直乎其内者也。精神意气，悉宰之以严威，更何待凛易方之戒。

知礼之容主乎庄，而敛之无事之时，而庄者摄之有事之时，而愈庄其立也，有周乎其防者也。形骸肌肤，必力惩其妄肆，自足以凝不倚之神。

使其不知，则以礼文为繁重，而脱略相高。以礼数为拘牵，而苟简相尚。举不可已者概已之，即有识者严为指摘，勿计也，有茶然自矢而已。

其始也，小节之不谨，而礼失于检绳。其继也，大闲之悉逾，而礼归于荡佚。于不可易者尽易之，虽习仪时得其近似，无当也，有无地自容而已。

夫人必有立于无过之地者，则统万事而宰以内心，而心即可为身之干。知礼者耳目濬其聪明，手足遂昭其恭重，此何如特立哉，而奈何其昧昧也。心之任其纵恣者，身亦从而靡之。盖至相鼠茅鸱群相诟病，君子知其越于范围也久矣。

人必有立乎正位之中者，则合百为而持以守气，而气即可为体之充。知礼者升降有其仪，裼袭亦昭其度，此何如强立哉，而奈何其靡靡也。气之形其惰慢者，体亦从而佚之。盖至采齐肆夏失所持循，君子知其纳于轨物也难矣。

夫人生贵自立耳，可勿以知礼自勉哉？

不袭礼上门面语，反正并透，实能抉其所以然。理致渊懿，经术湛深，视前辈则已腴茂，较时贤则为朴老。受业毓检识。

不知言，无以知人也

知人以言，听言者宜审矣。

夫人不易知，而知言以知人，则尤不易。人亦自勉为知言之学哉。从来观人者，贵相知心。

夫心藏于不可见，恃有载其心以出者，而心之声见焉。心之声见，而心亦见焉。不此之辨，而论说歧，而流品杂，将千古之是非邪正，必均受夫观人者之弊，而莫可穷。

今夫人之有言也，其为物也至浮，似不足以核人之实。其相感也甚浅，似不足以见人之深。庸讵谓听其言，遂足信其人乎哉？

特是言与志相足其言也，有立乎言之先者矣。不察其言而遽定其人，是其言固浮，抑听言者之气实浮也。

言与行相维其言也，有践乎言之后者矣。不考其言而委任其人，非其言实浅，抑审言者之识自浅也。

是惟素殚格致之功，与斯人微窥于性始。则虽邂逅陈词，俨若神明相质证，而况尚论者之别有会心。

是惟穷极伦物之变，与斯人洞悉乎事情。则即穷庐片语，可定毕世之经猷，而况辨论者之不遗余力。

是人固以言而知也，然亦孰是知言以知人者？

明道之言，而以为非也。畔道之言，而以为是也。假明道以畔道者之言，而又疑其非，莫求其是也。不知人之忧，实道之忧矣。夫我将辨其人之是非，以定其人。即辨其人之是非，以求其道。而竟误信其言，而遂误信其人，斯道复何所望哉？况我既误信其言，而使天下之欲明道者，尽回惑于畔道之言。且使天下之欲畔道者，反簧鼓乎明道之言。则以一言误天下之言，即以一人误天下之人。而天下之是非皆混也，而实不知者之阶之厉也。

经世之言，而以为邪也。惑世之言，而以为正也。借经世以惑世者之言，而又徇其邪，莫反之正也。不知人之患，尽世之患也。夫我将究其人之邪正，以信其人。即究其人之邪正，以用诸世。而竟轻信其言，而遂轻信其人，斯世其何所赖哉？况我既轻信其人，而使后世之欲轻世者，反崇奉夫惑世之人。且使后世之欲惑世者，咸自命为经世之人。则以一人误后世之人，实以一言误后世之言。而后世之邪正尽淆也，而实不知者之受其蒙也。

不知言无以知人，有断然者。是以古圣贤讲道名山，必悉其上下千古之心，而僻言左行之书不敢录。敷猷朝宁，则澄其盱衡一世之鉴，而静言庸违之类无所容。此知人则哲之所以难也。

于知言知人交关道理，看得十分透澈。故倒箧倾筐，不遗余蕴。古文苏眉山，今文归震川，有此能事。玉农。

知养恬斋时文钞　中庸

舜好问而好察迩言，隐恶而扬善

虞帝乐取于人，人皆得以善告矣。

夫因问而有言，因言而有善恶，所取至不一矣。问之察之，而即隐扬之，取善亦何诚哉！

且夫人以心析理，而不能虚其心以相求，而理之在人者或遗矣。不能恕其心以相与，而理之觊我者或鲜矣。若乃明无不烛，博采焉而心常抑然，近思焉而心又较然，弃其短取其长而心愈廓然。复哉，其惟大知之舜乎！

今夫以千万人之知裨益乎一人，即以一人之知激劝乎千万人。知未有大于此者也。

圣人不以知自矜，而人每惊异焉，谓聪明本天亶，涓埃何补高深。彼谏鼓善旌，旁求者或将遐弃我也。则知大而延访愈难广。

圣人不以知自私，而人每愧沮焉，谓睿哲非性生，议论不无纯杂。虽达聪明目，采纳者或且苛求我也。则知大而鼓舞愈难神。

何独至于舜，而人皆乐告以善乎？人惟自广者常狭人，舜则惟知有善，而问是好焉，而迩是察焉。盖求之切，则得一善而若决江河。研之精，则集众善而悉归帱载也。

抑何取诸人，而无往非善乎？人惟不好善者常拒人，舜则言不必皆善，而恶必隐焉，而善必扬焉。盖投之即化，有不善而挞记胥忘。契之独深，有其善而赓歌勿懈也。

吾于是知善量为无尽焉，刍荛可供询度，葑菲可备参稽。而千里应，千里违，亦可旁求乎绪论。则问焉而有言，言焉而有善有恶，夫岂舜所独有乎？乃以求言广进言之路，清问所及，巷有祝而衢有谣。以不善要至善之归，苟察无烦，鼓告道而钟告义。彼皋扬益赞，圣与圣之相得，更何如也。则善之散见于天下者，孰不归其采择也哉？

即于是知取善之量亦与为无尽焉，一谘访而非关口耳，一研悦而悉见性天。而尺有短，寸有长，皆不得漫加以轩轾。则即好问中而进以察，即好察中而进以隐与扬，舜岂以此示异乎？乃询谋不必尽同，而问愈博，察愈精，只见善无常主。董劝无烦并用，而隐极微，扬极显，惟期善与人同。知舍己从人，唐与虞之心传，尤允协也。则善之默会于一心者，孰不昭其赅洽也哉？

由是执而用之，而中即在焉。则古帝之以濬哲称者，其在斯也乎！

　　从大知看出问察隐扬，即将问察隐扬归入大知。脉络分明，腠理紧固。题外一义不添设，题中一字不抛荒，此朴实说理之文，即登峰造极之候。受业钟明奎识。

　　注中在我之权度，精切不差一层，人多忽过。其见及此者，又苦不自用。而取诸人意，兜裹不来。家君此文，便觉面面圆到。男衔焕谨志。

执其两端，用其中于民

执善以择其中，可想用中之治矣。

夫合两端而执之，而中出焉。其用之于民者，孰非不自用而取诸人者乎？

且昔尧之命舜也，曰允执厥中。则是宰世者，亦惟执一中焉而已。顾以执中之难也，非衡以至精之权度，而中不见。非定以至一之会归，而中仍不见。精与一合，而后允执之心法，乃措之一世而靡穷。

舜之问察隐扬，夫固时悬一大中之。则于其心，而急欲择而用之者也。然中之分际存乎善，而善之著见有其端。不求诸善，而中无所为据依。不得其端，而善并无所为综核。自非有所执焉不可。

善之能协乎中者，每分端以著。其分端者，固不容偏执乎一端者也。随时以取，而彼与此概无所拘，则中之见端也何其显。

善之未协于中者，可更端以求。其更端者，又不待综制乎百端者也。对待以观，而过不及均无所泥，则中之审端也乃益微。

有两端焉，非即中之所由见乎？执而择之，而中尚可胜用乎？特是执中而用中，有难焉者。

专所执而择焉不精，则化裁通变之俱穷，用之而适形其胶。固守此一端，而与中相戾。易以他端，而又与中相戾。是执中者之无权，不足言中也，而安必翕受敷施之不爽其衡。

兼所执而悬而无薄，则高下参差之未审，用之而每涉于浮。移两有所取，而中无可凭。两有所弃，而中益无可凭。是失中者之无主，而亦不足言中也，而安见省成慎宪之适如其则。

而吾乃观夫舜之用，而吾乃验诸舜之民。

将与天下建其极，则善旌谏鼓。其激劝乎民者，顺用之而皆可率从，非过宽也。第如是，而民自设中乃心也。恭已垂裳，亦止寓精明于浑厚。而神明所运，已贯彻于无为而治之先。其执极以御者，既权度之无差。其用敷锡民者，自推行之尽利。善之乐取于人者，建一中以帅之，而何待过求于民也哉？

将为天下塞其违，则挞记侯明。其督责于民者，逆用之而咸知更化，非过严也。必如是，而民乃咸中有庆也。放流谏殛，罔非济宽简以严明。而濬哲之神，自洞照于罔干予正之日。其化神以两，自因应之咸宜。其治协于中，实从违之有准。善之未洽于民者，稽诸中以定之，而岂有因仍乎民者哉？

自非大知，其孰能与于斯。

执两端是知上事，用中是行上事。要知得用中，全从执两端来，才见明行相因。所以知必如舜，而后道可行也。觑定此旨，"执"字得圆相，"用"字得活相，"知"字乃得全相。以无厚入有闲，殆恢恢乎游刃有余地。惺夫。

在上位不陵下，在下位不援上

上下有定位，而陵与援可并泯矣。

夫上而陵下，下而援上，皆愿外之心也。君子所由必绝其缘欤！

且古君子之慎乃位也，上下交而志可以通，亦上下辨而志无弗定。故以我躬御万物，而懔然无事鸥张。即以我躬侪万物，而介然不邻依附。亢与卑无所倚，斯进与退适其常。而不渎不謟之防，自默制于寸心而弗易。不愿乎外，君子亦思不出其位焉耳。顾位所在可以上下赅之，而位之外即以上下别之。

自万类之不能无所统也，位乎上而临下之权定焉。然或千里之应无鸣鹤，三驱之诚及前禽。则位不期骄，必且以相轧相倾而致讥越畔。

自万众之不能无所综也，位乎下而亲上之谊成焉。顾或龙飞而利见大人，鸿渐已厉占小子。则位难自靖，遂致以相维相系而不免逾闲。

则甚矣，陵与援者之营营于外也。且夫或上或下之分有定也，而牵于愿外之私则无定。为上为下之道无穷也，而乘以愿外之意若易穷。是即无倚势无倚法，凭陵者已相逼无端。矢弗告矢弗谖，畔援者已相缘不觉。又况陵者借援者之气焰以肆其骄，援者因陵者之矜夸以售其术。亦安必上下之各安尔位哉？而吾乃思夫不陵不援者。

盖夙夜有本图，则虽下方畏我，下方服我，而位高愈忧速谤，安敢开陵德之渐。旷其职而多驰骛，亦越其职以任恣睢。

寸衷防陨越，则虽上自抚我，上自宥我，而位卑未可言高，安敢切援系之谋。降其心以事包承，亦分其心以相牵引。

故以上下之两相倚也。相倚则情易狎而侮慢形，亦情易亲而觊觎起，陵与援谁绝其萌欤？乃君子以为迹之合者，理实有以区之。上克黜乃心，无胥戕亦无胥虐。下罔越厥志，不能移亦不能淫。尊卑异而矜躁平，知几者所由严上下之交，而凛如介石也，而岂外有所预也哉？

以上下之两相悬也。相悬则恃其势而威棱自恣，亦震其势而冀望愈奢，陵与援畴戢其志欤？乃君子以为分之殊者，情已从而限之。克慎乃在位，大不可盈者受以谦。我其敢求位，升而不已者防其困。畛域分而骄谄化，止所者所为绝上下之与，而象著行庭也，而岂外有所扰也哉？

此正己者，所以怨尤胥泯也。

不陵不援，紧从不愿外透出。而上如其上，下如其下，便可圆足素位而行神理。词意森严，文心肃穆，朗诵一过，令人悚然起敬。紫峰。

必得其位，必得其禄，必得其名，必得其寿

历征福所由得，惟大德为可必焉。

夫位禄名寿，皆德之符验也。推所由得，孰非其必至者乎？

且圣天子揽乾纲，享玉食，被风声于九有，而膺景祚于万年。此固第安当然之分也，而实有必然之理。盖多福之求，权自操于宥密。斯精神相感，遇恒极乎尊荣。其理裕，其道光，而其繁祉之臻，遂毕致焉而不爽。尝由舜之德，而历观尊富飨保，不禁怳然于其故焉。

今夫德之名，主乎得者也。然其自得者理，而不可必得者遇，此岂易言兼得哉？

谓宸修备极精纯，则所得只安于固有。固也，第异数原难幸致。何以集休祥于云牖，究非臣邻颂祷之所能窥。

谓孝治克昭遐迹，则所得亦听之适然。固也，第纯嘏未易宣臻。何以萃隆遇于松扉，竟非衢巷讴歌之所能拟。

则尝就其位其禄征之，而知出震而乘乾，衣租而食税者，非易得也，皆德之所凝而聚也。试思陶渔甚贱，位忽界于纳麓而还。糇草常安，禄偏锡自总师以后。此岂境所能拘乎？则凡常厥德而位永保，懋乃德而禄是遒，夫固有握必至之符者矣。

又即其名其寿验之，而知洋溢乎中国，称祝乎冈陵者，非幸得也，实德之所显而彰也。试思五十载膻行同趋，名与韶箾媲美。百余岁薰弦坐理，寿偕日月重光。此岂数所能限乎？则凡慎乃德而名贻以令，攸好德而寿美而康，夫亦有操可必之券者矣。

夫身世显荣之故，不推原于性分，则所得或虚，惟大德者性能尽焉。其位也，非徒侈向明之治。其禄也，非徒夸天府之藏。其名其寿也，非徒恃涣号之文，与祈年之术。如其分以相畀要，

无非性术之光也。祯祥皆精意所孚，而广之可以揽盛世之宏图，即约之可以验皇衷之实学。

懿烁隆茂之模，不托始于伦常，则得或难备，惟大德者伦克尽焉。得其位，而龙衮愈昭雍肃。得其禄，而兕觥咸祝休嘉。得其名其寿，而鼛铎亦表其徽，畴图亦宣其蕴。备其全以相予要，只见彝伦之叙也。庸行与休征并著，而敛福者量已昭其大备，务本者功弥切于渊微。

位禄名寿之必得如此，所由皇自敬德，而天眷遂愈隆也。

　　禄位名寿，不贵说得典丽，贵说得切当。四"必得"字，不贵说得矜张，贵说得平淡。抱定大德，原本大孝。文笔则雍容华贵，文体则朴实浑坚。斯谓食蟹不瘦，食蛙不肥。甥陈远隆识。

齐明盛服，非礼不动，所以修身也

详修身之事，持之以一敬而已。

夫齐明盛服，则内外皆敬矣，而又非礼不动焉。修身之事，何一不本于敬哉？

且臣言修身以道，是道也，达道也，亦即须臾不离之道也。道存于内，不慎以持之，惧其杂而昧道。形于外，不谨以饬之，惧其亵而慢道。该乎周旋日用，不恪以守之，惧其荡检而逾闲，合寂感以致纠虔。而后身在，而道亦无乎不在。

经言修身，夫岂无所以修之者哉？

检身常虞其不及，使宥密或杂朋从，襜袪亦形惰慢。举止偶涉愆尤，整饬稍疏，而出入起居，皆属负惭之地。则敬修易懈也。

持身每患其不严，惟一私不存痞痐，百体悉摄威仪。万事皆循经曲，纠绳既切，而存养省察，时深恪谨之忧。则交修有要也。

夫不观其静而不杂之余，有所为默存者乎？寸衷矢以洁齐，既非客感所能挠。内念神于烛照，并非物欲所能蒙。其齐明，以为身之存主也如此。

不又观其寂然无事之顷，并有所为检摄者乎？冕藻虽势分之华，以之持躬则弥肃。旒纩静聪明之用，以之谨度则弥庄。其盛服，以为身之周防也如此。

然此犹言乎其静也。若乃绝非礼之端，不又有慎动之学乎？动难免悔吝之生，审幾也贵悉。动足观盛德之至，视履也必祥。其非礼不动，以立身于无过之地者又如此。

此可以见省身克己之功焉。人君渊默齐居，朝野谁得窥其隐。尝有多欲锢于心性，而保傅不及防。燕昵涉于仪容，而亵御不及警。慆淫见于行习，而左右史不及书。以修之者逆而制之，无事而深抑畏。养中与制外交严，有事得所持循。增美与释回，并饬我文武敬止敬胜之心，不即于此身探其要也哉！

此可以见出身加民之本焉。人君垂裳高拱，中藏每易即于疏。尝有心时惕以冰渊，而私犹或累。铭时书于带履，而服犹不衷。躬时束以秩叙，而范犹或越。以修之者顺而导之，恭默而若有思。表里俱归俨恪，勤施而罔所懈。履蹈胥协中，和文武丕显丕承之烈，不即于一身握其原也哉！

臣愿凡为天下国家者，皆以身为立政之本焉可矣。

深明于古人动静交养之旨，密咏恬吟，而出之缜密。以栗温润，而泽此希世之珍也。印溪。

或生而知之，或学而知之，
或困而知之，及其知之一也

道有可以共知者，知之等无妨异矣。

盖虽有生与学与困之异，而及其知之，则固无或异也。道何难以共知哉？

且天下之道，未有不从知入者也。自求知者人事未尽，遂欲执天事之优者以为程，于是知有未至。而天之事，穷知无由致。而人之事，亦穷而知道者，遂不数觏于天下。则亦未即知之等所由分，与知之量所由合，为之究观其极也。

今夫道，岂有未及乎知之日，而遽信为知者哉？亦岂有既及乎知之日，而尚难信为知者哉？

道之见也存乎识，而识之浅者见亦浅，识之深者见亦深。夫浅者之不能为深也，天限之也。而由浅而递深之，则天固有不能相限者矣。

道之辨也存乎心，而心之通者无不通，心之窒者无不窒。夫窒者之不能骤通也，亦人限之也。使由窒而渐通之，则人亦有不容自限者矣。

然而执是说也，将天下之知道者，遂无有生，是使独者乎，而何无有也？夫知固有无假人为者，惟悬一生知者以为的，而后知知道者惟上哲为最先，而究非上哲所得私也。或生而知之，此其一也。

由是而学知者，遂奋然起矣。谓既让生知者以先知，安可让生知者以独知，而可勿学耶？夫道固惟学乃有获也，多识足以畜德，精义即以入神。或学而知之，此其一也。

而困知者，亦皇然愧矣。谓既让生知者以先知，又欲让学知者以共知，而能勿困耶？夫道固惟困乃得亨也，积苦可以获甘，发愤即能生悟。或困而知之，又其一也。

夫然而当其未知之先，岂有能骤一者乎？睿哲非本性生，或难尽祛其锢蔽。彼生知者，必其全乎天者也。使漫为之一视焉，则学知者何以力追焉，而不能逸获。困知者何以极思焉，而不能遽通。借非人功之足据，则此中之歧而又歧者，夫固不能比而同之也。自可援知之等，为贪天者戒之。

及其既知之后，又岂有弗能一者乎？灵莹不关生质，要可日进于高明。彼未能致知者，必非尽乎人者也。惟能同归一致焉，则生知者尊为先觉，学亦有以启其蒙。学知者得诸敏求，困亦不至丰其蔀。纵有天授之未优，而此中之精益求精者，夫固不能区而别之也。何勿举知之量，为尽人者勉之哉。

> 德为达德，道为达道。知之原本一，所知之理又一。故气质虽有不一，而卒同归于一者，只争此求知之功耳。轻置生知，驱策学知。并轻置学知，驱策困知，于圣人开导哀公深心，最为吻合。反正并透，首尾相衔，日光玉洁之文，风发泉流之势。龙溪。

唯天下至诚为能化

能化仅一至诚，化至而诚亦至矣。

夫诚不至未有能化者，乃致曲者而亦臻此也。而能勿慨想其化乎？而能勿慨想其诚乎？

且以至诚之次，而曰能有诚，是其诚，犹尽人而能者也。夫使尽人而能者，非极之尽人所不能，则其能有不至，即其诚犹不至。古今来固有充乎诚之量，而渊然莫罄其藏。扩乎能之量，而浑然莫窥其迹者。其能至，斯其诚至。而人事之克尽，遂不复让其能于天事，独优之一人。

致曲者既至于能化，夫非犹是次于至诚者哉！夫岂犹是次于至诚者哉！而吾乃悬想其诚，而吾因深观其化。

神化之同流天地也，其天焉者也。天则非人所能矣，而何以能之者，竟与于斯也。谓是全乎人，而不仅全乎人也。

淳化之通于自然也，其性焉者也。性则非学所能矣，而何以能之者，亦及于此也。谓是关乎学，而岂仅关乎学也。

夫人固有诚既至，而化有不能者。即未有化可能，而诚犹不至者。不观至诚乎？不观至诚之能化乎？

夫至诚未尝矜能于天下，而天下莫不让能于至诚。是推崇其诚，而实推崇其化也。夫化则可为，而不可为者矣。使诚之及天下，尚未绝其伦。斯天下之于诚，犹得穷其量。不谓积而至于能化者，乃亦莫穷其量也。既莫测其化，又安测其诚也。

且天下虽欲争能于至诚，而至诚已独擅能于天下。是有超迈之诚，即有超迈之化也。夫化则可知，而不可知者矣。使诚所弥纶，不于天下诣其极。则化所蟠际，难于天下尽其神。不谓积而至于能化者，亦遂能尽其神也。岂能极于化，而尚未极于诚也。

盖唯其诚有高乎一世者，乃能统一世而咸服其神。是至诚之能为独绝，自有能至诚之所能者，则又不必惊为独绝也。有即诚，而即化焉已矣。

唯其诚有超乎千古者，斯能超千古而莫逾其量。是至诚之能非强为，然有能至诚之所能者，又未尝不先假强为也。惟愈化，乃愈诚焉已矣。

夫非犹是次于至诚者哉！夫岂犹是次于至诚者哉！

题面是说至诚能化，题意是说致曲之诚。至于能化，即是至诚。于此剔清眉目，疏瀹性灵，道理烂熟于胸中，文笔环转于腕下，亦理题之化境也。惺夫。

弇州之推震川也，曰：风行水上，涣为文章，风定波息，与水相忘。家君文境，率多类此。男衔灿谨志。

诚者，物之终始

诚存即物存，有与为终始者矣。

夫物自终始于天地间，而其所以终始者，非物为之，诚为之也。惟物存即诚存，故诚存而物与俱存。

且盈天下皆物也，而物之为物，物不能自主之，惟恃有物物者主之。未有是物，理早先物为弥纶。既有是物，物即与理相依附。至物所充周者，皆理实充周于其际。而天下之物，遂屈伸消长于一理之内，而莫可穷。

自道之道，原于自成之诚，诚果奚自见哉？于物见之矣，于物之成终成始见之矣。

极形形色色之繁，无端而终，亦无端而始。谓气实司之，而要非有管乎气者。则气不能即物而存也，是物之一终一始，实有无终无始者存，而渊乎莫测也。

综化化生生之类，终则有始，亦始无不终。谓数足维之，而要非有宰乎数者。则数不能体物皆备也，是物之自始自终，又有终之始之者存，而充然各足也。

是物也，皆诚也。且夫天地间之物众矣，而物之终焉始焉者，亦至不一矣。

执物以验诚，而谓诚必丽乎物，则诚之浑然者不见。

离物以求诚，而谓诚无与于物，而诚之犁然者又不见。

则所谓诚者，岂虚悬而无薄，一任物之或终或始于天地，而诚与物绝不相蒙也哉？吾尝究观乎诚矣。

统万物而共此一诚也，物之形不一，而惟有不倚于形者。综万物为灌输，而六合以内，莫不同其终同其始焉。夫诚原自有终始，特不著于物，则不见耳。而谁谓物之敛舒，非诚之所为消息哉？物而终也诚，即游散焉，而与为终。物而始也诚，即固存焉，而与为始。试问为通为复，泛览之见物之昭苏者，实验之何莫非诚之布濩也，则固有统万物为终始者已。

析物物而各见一诚也，物之类甚殊，而惟恃有不区于物者。与物物相条贯，而百昌所育，罔不各为终各为始焉。夫诚无分于终始，特一赋于物，斯各殊耳。而谁谓物之乘除，非即诚之所为转运哉？物有始即有终，一元所周，不仅资乎物之始。诚无终不有始，万汇所托，隐以摄乎物之终。而后知为往为归，人见为冯生之甚众者，要只见一理之常周也，则固有随物物为终始者已。

而君子乃益惕然于不诚之与道悖矣。

"物"字以生物言，"诚"字以实理言。《中庸》言诚，自"鬼神"章始，文意即以体物不遗为粉本。而"终始"字回环往复，尤觉无穷出清新。精心刻露，元气浑成，非学识透宗，不能如是之冲和晶粹也。甥刘福寿识。

《诗》云："维天之命，於穆
不已！"盖曰天之所以为天也

绎《诗》之言天者，知不已自有真也。

盖以不已言天，《诗》固有默契乎天之所以为天者，即於穆者而实求之。其旨不可晓然欤？

且吾言天地之不贰，而极之不测，谓是相生相衍者之无时已也。顾布濩于物者，有不容已之机。而主宰于天者，先有无或已之实。盖大造浑于虚，而乾行贞以健。运至健于至虚之表，而后恍然于冲漠无朕者之绵亘无穷也。此其说，尝得之维天之命之诗。

今夫《诗》亦岂仅为天咏哉？乃深观于物与无妄之原，因上推乎太虚无形之始。觉《诗》之有验于天者，非浅鲜也。不观所谓於穆不已耶？

谓是象悬苍昊，气化自为始终，顾何以成始成终，有莫窥始终之迹者。则知太空非空，两仪非两，实默运于无臭无声之载，而并泯乘除。

谓是户关纯乾，真机自相推衍，顾何以递推递衍，有不虞推衍之穷者。则知利贞为复，元亨为通，早贯彻于太素太始之先，而不留间隙。

然则《诗》言不已者，岂无谓哉？

夫太极未判之初，不已者实先天而立，而天始积气以成形。《诗》正不以离天而验天者，或邻于惝恍。

确然示易以后，不已者亦即天而存，而天乃秉阳而垂象。《诗》正不以泥天而测天者，或失其真原。

盖《诗》所言，即天之所以为天也。

夫绝续之交，丽于有形者易见，而根于无形者难见。天不已而象成於穆，则浑融于广运之中，而莫寻端绪矣。《诗》若曰，天岂故示弥纶哉？而有所以弥纶者隐持之，两大互为其根，一元自弭其隙，无迹象亦无间缺，是验流行于品物不已，固有化机。而窥默运于鸿钧不已，实原真宰也。则以为不僭者，自不穷而已。

恒久之道，其出于勉然者易知，其本于自然者难知。天於穆而循环不已，则运量于渊微之际，而不待斡旋矣。《诗》若曰，天岂强为继续哉？而有所以继续者隐维之，一诚相为贯注，千古未有终穷，极元远亦极浑沦，是即推代者之乌可已，而化工自妙于无言。即主持者之未有已，而元理不虞其或息也。则以为无私者，自无间而已。

是则化育者天，不已即天之所以为化育。静专者天，不已即天之所以为静专也。由是即天例地，坤顺亦自无疆。由天验人，王心自征克一。不可进观文之所以为文乎？

　　"天"字原含生物不测，言其所以为天，则命之不已，即诚之不息也。上下语脉，本相贯输。而循题之筋节，以为文之步骤。能于剖析丝毛之中，寓包络山海之象，小儒何从望其畔岸。受业周开宗识。

极高明而道中庸

极与道交致其功，心无累而事皆当矣。

盖高明者德性之本体，而中庸又问学中事也。极之道之，而道何弗凝哉？

今夫道也者，其体伸于万物之上，而物不得而累之。其用适乎万事之宜，而事不得而歧之者也。夫惟心与物相际，而廓而清者，先绝乎物之缘。理与事相权，而择而守者，不逾乎事之矩。不以卑污悖乎道，不以奇僻离乎道。而道之凝，乃可信诸尊德性道问学之君子。

今夫一心本湛然耳，自有挠我者，而志乃不复振。自有淆我者，而气乃不复清。谁是静其志气之原，能养之以峻洁。而巍乎其不容挠，亦炯乎其不容淆也。

物理本秩然耳，自狃于一偏，而择之失其正。自迁于屡易，而执之反其常。畴复审其择执之始，能悉协于经权。而凛乎其不容偏，亦确乎其不可易也。

夫吾道中不自有高而明，中而庸者乎？而可不极之道之乎？特是谓高明之至配乎天，而天非可以人与也。谓中庸之依唯圣，而圣非可以勉为也。能其心游乎物外，其识烛乎幾先。其不偏不倚者，绝乎歧趋。其易知易从者，安乎素位。此亦何待于极，何待于道。然而执是说也，将不高不明者，皆趋于污下已矣。不中不庸者，皆即于匪彝已矣。道将何自凝哉？而吾乃以思极且道者。

俗学仅安卑陋，即侈谈无过不及之规。则未进于高明，而遽欲依乎中庸者有之。君子无是道也，德性中原自有夐乎其莫尚，惺然其不昧者。其高也，物无可屈。其明也，物无可蒙。使本量稍渝，问学其何所恃乎？极之而始从而道之中，是择而守以拳拳，庸必谨而勉以愊愊。此固极高明时，所酝酿而深者也。全乎天者，已绝陷溺之缘，而尽乎人者，复泯奇邪之失，此岂俗学所可拟哉？

伪学自诩天资，每好为高远难行之事。则徒恃夫高明，而卒至反乎中庸者有之。君子更无是道也，德性中既有是超然而无累，嶻然而不滓者。其高也，岂容骛异。其明也，岂仅惊愚。虽真体已充，问学其容可废乎？极之而即因而道之大，中则界析乎危微，有庸则事祛乎隐怪。此又极高明者，所循序相及者也。本之立者，不稍邻于暧昧，而用之行者，又相适于荡乎，此岂伪学所能几哉？

然而凝道者尚不止此。

234

　　高明中庸，都打入德性问学甲里，则"极"字、"道"字，不须穷追力摹，而真谛自见乎。发处语语切实，串递处面面圆通。精理内含，宝光外溢，即朴遫之语，亦觉文采葩流。富贵福泽之气，固不自郊寒岛瘦中出也。惺夫。

远之则有望，近之则不厌

验民情于远近，愈知过有由寡矣。

夫远与近异，而有望不厌则其情同矣。民过之寡，不益信诸君子哉？

且自来抚临亿兆者，推而远之，则情易暌。引而近之，则情易玩。夫惟圣王握不御不遗之要，而光被无涯。联相亲相敬之忱，而会归有极。而一时喁喁向化者无匿情，亦无异情。则声教所由通，即非地域所能限也。

君子岂仅为道、为法、为则而已哉？盖理既准诸卜世卜年，而效遂征于或远或近。

皇畿为首善之区，采藻采芹，共亲色笑，可近不可下，向化者莫先邦域矣。顾何以芒芒九有，而龙节虎节之不能尽达者，亦欲献方物而咸宾王国，通重译而倾慕圣人。

薄海沐怀柔之化，异宜异制，共凛三章，迩可远在兹，观光者不遗陬澨矣。顾何以济济群黎，而怀方合方之无事招徕者，亦欲思无疆以致美斯臧，矢弗谖而系怀有裴。

夫非以远自有望，近自不厌乎哉？顾或疑有难焉者。

我观《周南》始关雎，逮及江汉，明乎化成之必，自近而之远也。

《职方》始扬荆，终以冀并，明乎渐被之难必，先远而后近也。

王者布徽猷，敷彝训，将欲四方万国蹈德咏仁。而或遐听者有违心，密迩者忘旧德，势不至远者距违，近者骚离不止。又安能念太平之有道，而奔走偕来。监成宪之无愆，而率循罔懈也。载而目君子，而验诸远近，则无虑此。

　　勤远者望弗隆，怀远者望仍弗属，一感于性情所深契，则愈疏逖而愈切瞻依。故有望者，非仅新其耳目也。殿陛勤施，早已萃宇内之菁华，以相焜耀。则即山车泽马，亦奋发以赴哲后之精神，而何有于远也。缅天子而近光，锡以极则是行是训。仰圣人而作睹，从以类则相应相求。爱慕久而鼓舞神，则刑用于天下者，岂有涯涘哉？

　　愚近以术而厌易生，结近以恩而厌仍不觉，一永以范围之至意，则愈熟习而愈至流连。故不厌者，非仅阳为遵守也。深宫敷锡，早已举庸常之极，则示以永图。则即彝鼎图球，悉悠久而载盛王之精意，而何有于近也。承王休于勿替，作畜民者有千有年。率旧章而弗忘，遵道路者无偏无党。沦浃深而尊崇至，则厌德于万年者，何分念释哉？

　　此民过所以寡也。

　　　　有望不厌，紧承道法，则来正寡过之实也。处处隐绾三重，为寡过清出源头，尤与不骄章脉，针线不差。枕葄经腴，出以整赡。能事颖脱，清光大来。少青。

苟不固聪明圣知达天德者，其孰能知之

至诚有不易知者，惟圣能知圣也。

夫至诚岂故与人以难知，要惟固聪明圣知达天德者，而后知之也。不然者，其孰能之哉？

且道之可以与能者，皆其可以与知者也。惟性功既极其浑融，斯品量遂穷于拟议。是尽人所与知者，亦即尽人之所莫能知。且必诣之臻乎其极者，而后知之。即此相喻于微者，益见其未易几及已。

知此可与论至诚。夫至诚之道，果于何知之哉？于其功用知之矣，且于其心体知之矣。

然至诚虽有可知之功用，而非克媲其功用者，则不能知。

至诚虽有可知之心体，而非默契其心体者，则不能知。

于此而欲举人所不能知者而尽知之，此岂易言能乎哉？而吾乃穆然于至圣矣。至圣者，固聪明圣知达天德者也。

夫人之功用，苟非夐乎莫尚，则犹可揣测以知之。若言知于至诚，岂可以揣测求者哉？广运之量，非诚之至，则莫能充周。非圣之至，亦莫能洞彻。夫洞彻焉者，则固真能知之者也。是以至圣知至诚，犹是以至诚知至诚而已。

抑人之心体，苟非浑于无形，则犹可会悟以知之。若言知于至诚，又岂可以会悟与者哉？神化所臻，惟诚之至，乃能独极其浑融。惟圣之至，乃能独深其契合。夫契合焉者，则固真能知之者也。是以至圣知至诚，亦犹是以至圣知至圣而已。

其知也，其能也。其能也，则固聪明圣知达天德者，而后能之也。

夫犹是耳目，犹是心思，而独以聪明圣知，特超乎庸众，则其欣合无间者，夫岂庸众所能几？

同此秉彝，同此材质，而独以天德之达，远迈乎恒流，则其会心独远者，又岂恒流所能与？

然则能知之者，则固相见以天者也。至诚之肫肫，渊渊浩浩，恍若召我以天而知至诚者。见至诚之天，即不啻自见其天焉。苟其不然，则不能以天与天相浃洽。而乃强致其窥寻，有茫然者耳。欲凭会悟以知之，其孰能穷其底蕴也哉？

且有相孚以性者也。至诚之经纶，立本知化，亦只自尽其性而知至诚者。见至诚之性，即不啻自见其性焉。苟其不然，则不能以性与性相感孚。而仅空悬诸想像，有贸然者耳。欲借揣测以知之，其孰能得其端倪也哉？

唯然，而至诚与至圣，均有深焉者矣？

题意是说惟至圣能知至诚，却从非至圣不能知反面托出，"知"字须看得深微，直是以天知天，非徒以人知天也。领脉独真，勘题入细，控驭有法，顿挫得神。虽一时兴会之作，可想见十年洗伐之功。慈陵。

是故君子不赏而民劝，不怒而民威于铁钺

民不期治而治，有操乎劝威之本者也。

夫君子不恃赏怒以治民，而民莫不治焉，其劝威岂无故哉？

且千万人之修悖，而以一人董戒之，此致治之心所由见也。乃王者不仅以董戒为心，而以其心默操乎千万人修悖之心。俾人之受治者，初不必待治于己，而勃然知有以自治，且怵然惟恐其不治。此其故，尝于《诗》之言奏假者得之。

今夫奏假者，君子先成民，而后致力于神也。而人之受治于神者已若是，则民之受治于君子，夫岂异是哉？吾尝深思其故矣。

盖自圣主参阴阳舒惨之故，以制其治而命讨予夺，严若神明。此亦见驭民之必有其权，然权固其后焉者也。

自圣主体善淫福祸之理，以大为防而服教畏神，凛如天祖。此亦见治民之不可无法，然法犹其著焉者也。

夫赏而劝，怒而威，民固乐为君子应也。然亦思君子固自有不恃乎此，而民自应者乎？

激劝之动于其天也，有用赏者。迎其天以为之鼓舞，而劝以行。然赏所及，而民始见其天。赏所不及，而民遂终汩其天乎？惟君子能自治其天，即以其天鼓舞乎斯民之天，而民遂各私一君子焉。吾见朝不赏而民劝于学，野不赏而民劝于稿，祖不赏而民劝于兵也。其劝也，亦君子之天之自为鼓舞已矣。

明威之根于其性也，有用怒者。顺其性以为之检制，而威以著。然怒所加，而民始淑其性。怒所未加，而民遂终拂其性乎？惟君子能自尽其性，即以其性检制乎斯民之性，而民惟恐自外于君子焉。吾见教不怒而民畏德威，朝不怒而民畏天威，罚不怒而民畏刑威也。其威于铁钺也，亦君子之性之自为检制已矣。

清净者无为，君子不薄视赏怒，而直握赏怒之原。则秋冬春夏有殊施，即雨露风霆皆至教。盖非以无赏无怒者废王政，实能以不赏不怒者一王心也。古王者庙中境内，雍肃常昭，夫孰是晓然于畏敬奉承之故者哉？

僭滥者多故，君子不强求劝威，而自妙劝威之用。则激扬所及无异志，实旌别之外有风声。盖仅以劝民威民者侈治功，不若于民劝民威时窥治要也。古王者神福民和，馨香迭奏，夫孰不恍然于旋至立效之故也哉？

盖君子之治民，人道也，亦神道也，措诸天下无难矣。

不低看赏怒，则不赏不怒，身分愈高。不急抢劝威，则劝威道理愈足。尤妙能透题之原，直打入君子为己甲里。脉正理醇，义精词粹，碧山学士之遗轨也。心斋。

顺做题面，易涉铺张。墨守章旨，更嫌影响。披文相质，能使人人意满，此事固有天然两到者耶？侄衔烺志。

知养恬斋时文钞　上孟

不违农时，谷不可胜食也；数罟不入洿池，鱼鳖不可胜食也；斧斤以时入山林，材木不可胜用也

裕食用之原，利有出于自然者焉。

夫农时不敢违，洿池山林之禁不敢弛，尽心于食与用者，孰非自然之利乎？

且夫百产之精华，本于天，毂于地，而实则摶节于人。古之尽心为国者，推盈虚消息之理，相平原山泽之宜，而又酌剂乎有余不足之数，制其当然，亦听其自然，臣请为王敬陈其概焉。

今大梁之国，南有陈汝鸿沟，北有河外酸枣，处天下之中，固风雨阴阳所和会也。而其川则淮颍沂黄，其山则洛林王屋，沃野千里，奋击百万，当无复为小民之日用饮食虑。而犹必重烦王虑者，岂天故靳其利欤？抑民自弃其利而弗有欤？夫亦在上者未深悉乎不可胜食，不可胜用之故。

夫屡丰之颂不敢必，而水火金木土谷，造物恒迭出其美，利以与民命相维，故挈其纲可以观阴阳之聚。

金粟之书不必陈，而稻麦林薮蒲鱼，职方亦各著其物，宜以奉王朝之制，故权其要即罔非官礼之精。

今使王之民，散伍两卒旅而事农功，销棘矜戈矛而为农器，则祥和所召，有不快然于三时不害，而民和年丰者乎？臣知筑场

纳稼，野吹七月之豳。纬耒均田，户按小正之令。谷不胜食，綮惟王尽心致之。然则推是心以及物，亦复何物不阜哉？

即如洿池之有鱼鳖，鲜食也。而养之宽，则鲂归九罭。操之蹙，则留怨三星。王诚设数罟之禁，即不必困赪尾而封侪，鲸鲵而食，亦不可胜矣。

山林之有材木，佐食以为用者也。而取其材，则饬自百工。斩其木，则期惟二仲。王诚戒斧斤以时，即不必捍采樵以伐木，益兵而用，亦不可胜矣。

梁今者，赋《硕鼠》而民食艰，赋《葛屦》而民用啬。而闲闲者空怀十亩，坎坎者莫获百廛。即一方一曲，未必令如流水之源也。有棘有桃，未必人遵槎蘖之禁也。如臣所言，卒使不可胜食，不可胜用者，乃彰彰如是，孰不谓好战之王，易而为尽心民事之王也哉？臣于是，盖不禁满志踌躇，幸立睹王道之已基其始也。

救荒好战，两有对针。妙恰就梁土田山川，及惠王时势，剀切指陈，精心炼冶，藻采缤纷。读此，可因经训而识文章之贵。放阶。

吾欲观于转附、朝儛，遵海而南，放于琅邪

齐君自明所欲观，先述其境之胜焉。

夫景公亦岂漫然言观者，乃先即欲观之境述之，不已极一时胜事哉？

告晏子意谓，人主法宫高拱，所为与万物相见者，固仍不下堂序也。顾君举不忘轨物之严，国势亦得江山之助。盖一二胜境，实惟吾与子所共适焉。而性情依之，遂不禁流览及之矣。

今夫驰域外之观者，必不敢纵一己之欲者也。而极从欲之治者，必不狃窥观之见者也。以寡人抚有一国，懔懔焉惟表里山河是任。谁是旷观焉，而畅然自适，谓足侈陆詟水栗之规也哉！然而吾窃有欲焉。

萃四境之蒸黎，想望一人颜色。而名山佳水，或转掉以轻心，吾敢若是恝乎？则宇下有雄图，亦欲观其胜于绀御翠华，而临同风雨。

极九重之宵旰，廑怀千里幅员。而名皋奥区，或不一加巡幸，吾不几自苦乎？则国中有佳境，窃欲观其盛于车辙马迹，而式以玉金。

今试与子大夫端委庙堂，邈然遐想。极目齐东南境，有邑若琅邪者，其山川相缪，郁乎苍苍，不犹可望不可即耶？北望转附、朝儛诸山，隐然如城郭，太公、桓公之遗迹，盖犹有存焉者。其去琅邪也远甚，而山以南，海水汩没，汪洋滂泓，昔所谓泱泱大风，表东海者也。然则言齐之胜者，于山见转附、朝儛之峻，于水见海之大且深，于邑见琅邪之殷富盛丽，亦可谓壮哉！而未尝观之，而遵之，而放之，则吾之情终未惬也。

据海岱而画为青州，而海物盐绨，富强遂以甲天下。观国势

者，畴不谓规模宏远哉？顾未至海而勤登陟，则巨镇雄于百二焉。既循海而采风谣，则户口繁称七万焉。欲观者，何弗情深一往也。夫修士静观有得，即一丘一壑，寤寐常萦，况在吾之欣瞻名胜乎？统其地而并志之，更何事侈谈，夫姑尤聊慭之宽。

富山海而雄称东国，而林麓薮泽，霸业遂以长诸侯。观舆地者，谁不谓形势便利哉？顾府海先以官山，则武陵召陵，跨海者峙为雄镇焉。铸山兼以煮海，则成都成聚，濒海者巢为都会焉。欲观者，何弗循览弗忘也。夫英主发奋为雄，莫不综六合九州，分疆以守，况在吾之跨踤有素乎？念其地而心数之，夫岂徒慕乎临水登山之乐。

而即谓窃比于先王也，吾又何修而至此。

"观"字为经，"欲"字为纬。"遵"字、"放"字，俱有筋节。妙能以本位作登高之呼，使全章为众山之应。大气磅礴，经义纷披。读斯文者，当胜游娜嬛福地也。竹泉。

乃积乃仓，乃裹糇粮，于橐于囊。思辑用光，弓矢斯张，干戈戚扬，爰方启行

言好货而征诸《诗》，好之者有前事矣。

夫设武备而启行，而仅为积仓裹粮计乎？彼竞言好货者盍诵《诗》。

今将综百货之盈虚消息，而待理于君心，岂过计哉？货恶其弃于地也，不为藏货计，则货易穷。货必欲迁其地也，不为卫货计，则货尤易失。虑周于有备无患之始，谋定于保世滋大之先，故歌尤易失。知治岐者之恤民穷，亦歌《大雅》，而知迁豳者之致民富也。

何以谓公刘好货哉？盖公刘于匪居匪康之日，而将有行即合。爰众爰有之伦，而聚所好。

念先世勤劳稼穑，极惟立我烝民。今而将试汝迁也，力诸原崇墉无备，谋诸室悬罄为忧。甚至呼庚癸于异域殊方，货将何以图其匮。

我小邦密迩西戎，势久逼于他族。今而逝将去汝也，彼有寇莫陷其锋，我有粮或赍于盗。倘非同袍泽于艰难险阻，货将何以保其盈。

虽然，公刘岂真无以为远行备，而遂震动万民以迁哉？

今夫歌《载芟》者称其实，歌《甫田》者美斯箱。惟积与仓，货之所由统汇也。

适百里者宿舂粮，适千里者必聚粮。惟橐与囊，货之所以流通也。

且具一日之积，不可无一夕之卫。不患燥湿，亦不畏寇盗。弓矢干戈戚扬，凡以卫吾货也。为上者将辑尔邦家，光于上下，

道实莫先于此。公刘以为昧昧我思，亦惟恤民隐，张国维焉。向使积贮虚，行李乏，复未能帅良将劲弩以相守，安能不疑于所行哉？乃《诗》为启行咏者，已先为好货咏矣。

豳土为王业所由基，田曰彻，而百亩之足民者准此矣。军曰单，而六师之卫民者准此矣。《诗》若曰，此何莫非启行时预为计者乎？我祖宗丰财和众，既备卫生之食，复陈卫食之兵。竟使戎马倥偬，无忧播越焉。人谓有周之发祥者远，吾谓我公之笃好者深也。君亶多藏，而国无滞积。不于此行，见新我造邦之实也哉！

豳风为王化所由基，稼既同，而如坻如京犹旧也。武载缵，而载橐载戢犹旧也。《诗》若曰，此何莫非启行时开其先者乎？我国家保大定功，货先于师而八政修，师守乎货而五材用。竟至越国鄙远，共底乂安焉。人谓询国迁者其策长，吾谓肩好货者其谋裕也。备豫无虞，而自他有耀。不且于此行，见克笃前烈之模也哉！

《诗》之咏好货者盖如此。

　　《诗》本兼言食兵，文偏归入好货。将公刘通权达变之谟，与长治久安之策，和盘托出，泳叹淫泆，足令闻者起舞。可知纳约自牖，仍是正大议论，不涉机锋也。兄岭松。

左右皆曰贤，未可也；诸大夫皆曰贤，未可也；国人皆曰贤，然后察之

众好之而必察，察已无弗慎矣。

夫左右诸大夫曰贤，而国人皆曰贤，则非一人之私言也，察之者何独兢兢欤？

且维皇以良弼赍国家，先以聪明畀元后。元后者，综一世之聪明而核之者也。一二人之荐剡不足淆，千万众之揄扬不能夺。而圣主贤臣之孚契，乃独自智虑开之，则相识已几经郑重矣。进贤何以慎，虑其不识故也。虽然，贤之进患不识，先患不察。诚使人主得一贤，而欲晋于左右诸大夫之上先无以餍，国人之心即能餍。国人之心，而无以精一己之鉴，亦安见其能慎哉？

夫慎之，则必自左右与诸大夫始。

读《冏命》而知左右之匡其不逮，皆得参慎简之权。然其弊也，引金壬而是崇是长济其私，徇恩幸而小信小忠固其宠，位置听诸宫掖，国人将有议其后者矣。皆曰贤而遽以为可，则失于不察者一也。

读《周礼》而知大夫之敬尔有官，皆得任举能之典。然其弊也，徒党立而有拜恩私室之庸流，喜怒偏而有屈志权门之豪杰，遴迪不本宸衷，国人将有具尔瞻者矣。皆曰贤而遽以为可，则失于不察者二也。

于此而求其可，其必在国人乎？设一日者，得一贤而诸父老尸祝之，愚夫妇想望之。谓是左右所交口而称，诸大夫所举觞而贺，实即吾侪小人所额手而庆者也，是诚可谓贤者也。夫人主求贤，亦惟是惓惓于国人已耳。至国人所谓贤，竟无问于左右诸大夫之口，尚何必劳劳焉日取贤人而察之哉？然而慎者在是，则察

者正在是。何也？

开国之初，群贤无所适从，求之殷，则察之宜急。乃欲急而以缓出之。褒扬太甚，斯信极而疑生，诚恐未必贤。而宦官之口误之，权幸之谋误之，流俗之唯阿又误之，仕途不堪问矣，其何以恂忱宅俊哉？惟虚悬其衡鉴，以待左右诸大夫之预为重轻，然后综国人而严其辨。则留心延访皆慎之一念，濬其明也。

传国既久，诸贤乐为归附，须之切，则察之愈劳。乃欲劳而以逸待之。推许过隆，斯望深而虑远，诚恐有一贤。而或出于佞幸之先容，或出于同僚之附和，或出于舆情随意之褒崇，士品已不尊矣，其何以辨别英奇哉？惟广辟其径途，以待左右诸大夫之自为推挽，然后合举国而折其衷。则宏奖风流皆慎之一念，廓其蔽也。

见贤焉而后用，慎何如哉！

逐层滚下，或至筋弛脉懈矣。文轻放未可重扼，"察"字而以"国人"句为首，尾接递其精神，总归入"慎"字上。篇法浑成，风神秀逸，能反沉雄英鸷之气，而一归于冲和。藐姑射之仙，殆可望不可即者。惺夫。

乐取于人以为善

以取善为乐者，忘其善之在人也。

夫为善而必取于人，是善犹在人也。而竟乐取之，岂复知善之在人哉？

且人苟非其有而取之，未有不歉然于中者。谓取之而所乐不存也，若乃人之可取者公诸我，而不以为贪。我之取之者絜诸人，而愈以为快。则取之唯我，而无我之见存。亦取之于人，而无人之见存。而人与我，乃共鸣其豫于无穷。舜之善与人同，岂仅能从人已哉？

夫降其心以与善相赴则曰从，而纵其心以与善相求则曰取。

一善之足录也，自人视之何足异。进一善于舜之前，更何足异。乃弃短从长者，视不异若甚异也。遂近取焉而不厌其详。

万善之杂投也，自人视之若甚纷。萃万善于舜之前，将益见其纷。乃兼收并蓄者，虽至纷自不纷也。独博取焉而必求其备。

是取善也，即所以为善也。而吾独以舜为乐取之者，何哉？

盖非会通乎众善之原，即专其心以取之而善。终散而难聚，始念焉觉心理之同，转念焉觉形骸之隔，强以相索何由浃洽于天真。

抑非兼赅乎至善之量，即虚其心以取之而善。虽合而仍离，追求之而神明弗属，泛观之而畛域益歧，格而鲜通何以充周于性分。

若舜之乐取于人，则其乐有动以天者焉。人有善而召我以天，取善者觉见人之天，不啻自见其天。天与天相融浃，即善与善相引伸，曷禁天机之洋溢乎？乐善以取善，而善之旨趣同。取善以为善，而善之诣力同。善以外淡然若固有者，善以内乃欣然可终身也。乐之不疲，斯取之不禁。盖人与我同一天，而挹而注之，亦惟自协其天而已矣。

且其乐有根于性者焉。人有善而示我以性，取善者觉人尽其性，不啻自尽其性。性与性相感乎，即善与善相倾注，曷罄性量之含宏乎？因为善以取善，而善之途径同。因取善而乐善，而善之本原又同。未有善而冥情如木石者，既有善而莫御若江河也。乐之不倦，亦取之不穷。盖人与我同一性，而借而资之，亦惟自适其性而已矣。

非圣人之大而能若是乎？

250

只一"乐"字认得真，自能仰承俯注，而又恰如题位。吮毫属笔，神味渊然。其心精语妙，正使刻意经营者钻研不到。无他，极熟故耳。袁岘冈师。

父子主恩，君臣主敬

以主恩与主敬例，而君臣之分严矣。

夫父子犹联以恩，而君臣惟持以敬。曾以敬为主，而臣职犹可忽哉？

且天地间，亦惟是子孝臣忠之责，无可逃焉耳。感于情所不忍恝，而子道尽。迫于分所不敢安，而臣节昭。古君子资于事父以事君，断未有言庭帏而情无不挚，言堂阶而分可不明者。盖人纪人纲，凛然不容阴越也久矣。

今夫子非日讲求夫人伦之大者哉？

古有竭其力以事二人，即竭其情以媚一人者。奉征书而色喜，亟思趋侍于朝廷，此岂上之人迫而致之。盖始笃天亲，继治天职，伦固如是尽也。

古有守其身不敢忘亲，尤致其身不敢忘君者。阅险阻而匪躬，绝不徘徊于中路，此岂君我者要而求之。盖处则白华，出则皇华，伦甚未可废也。

是未有父子而不主恩者，岂有君臣而可不主敬也耶？

人世薄情之辈，恩或难以维之。而人世越分之端，敬恒足以制之。恩主宽而敬主严也。夫宽与严，亦至不容混耳。家庭之内有贼恩，尚难以责善相夷，托辞于敬。大廷之上有遗敬，庸可以引贤忘分，概指为恩。则欲立人子人臣之防，不去其掩恩者，难言事父。不纠其失敬者，岂尚可与言事君也哉？

天下无定者情，恩深则情愈厚。而天下一定者分，敬懈则分已渝。恩主爱而敬主畏也。夫爱与畏，亦绝不容伪耳。寝膳间少一周旋，即庸敬中存，恩尚难酬毛里。堂阶间未尽奔走，即戴恩深厚，敬已忽于斯须。则欲尽父前君前之职，含明恩，难为令子。

舍止敬，岂得为纯臣也哉？

　　夫父加恩于子，子必酬恩。君施敬于臣，臣敢弛敬？是天威凛于咫尺矣。我尝观禅让之世，有亲如父子之君臣。而敬授敬敷，上下恒以一敬相终始。即较之底豫齐夔，而情犹切也。讵谓修于家，而天明地察之德无敢悖。献于廷，而天尊地卑之位顾可逾。

　　父不以忘恩责子，子自念切劬劳。君未以不敬责臣，臣敢情疏对越？盖王休久宜祗父矣。我尝读世子之经，有严若君臣之父子。而敬止敬胜，家国惟以一敬相范围。曾不以作述一堂，而责稍宽也。岂谓遵父训，而子犹曲体深衷。畏君威，而臣竟敢疏末节。

　　设有不敬，而士民众庶，得不谓先王之有遗行耶！

252

　　于平列之中，寓敧侧之势。按本位，则字字见聪颖。顾来脉，则语语见机锋。兴会飞腾，神采焕发，是从精心研炼之余，而得掉臂游行之乐。尧农。

　　于人直我曲见思力，于人曲我直见笔力，二者均非浅学所能企望。任衔烜谨识。

周公，弟也；管叔，兄也。周公之过，不亦宜乎①

谊有关乎兄弟者，其过亦可原矣。

夫安有以弟使兄，而逆料其有过者哉？不幸而以过闻，公之意固大可原已。告贾若曰，人未有不欲自立于无过之地者也。

至以至性所关，而必预生其猜忌，则其心既有所不忍其过，遂有所难防间。尝读《棠棣》之诗，吊二叔之不咸。因思其事之所由起，则知兄弟而及此，虽圣人亦有不能逆睹者矣。

监殷之使，子以过归周公，夫公何尝以过自讳哉？然亦思公之于叔何如者。

西土之大艰未靖，谁实兴不利之流言。乃变起仓皇，而彼之所谓腹心者，即我之所谓骨肉也。叔实以过遗公，而公不忍言也。

东征而小腆是除，何忍申灭亲之大义。乃事出不测，而今之破我斧斨者，即向之候我笾豆者也。公知因叔见过，而公愈不忍言也。

夫公之于叔，固一则弟，而一则兄也。而子乃沾沾焉，第知以过绳公耶？

设也莘蜂而防辛螫，桃虫而虑拼飞。公当日之难免于过者，只因此就夷之禄父，公直无以自解耳。若犹是公之于叔也，天性之爱未忘，岂意忽然中变。叔为公兄，公只自知其为弟，惟亲爱之是计，而他何计乎？

设也始以零雨兴师，继以风雷召变。公当日之善为补过者，只因此不靖之顽民，公尚疏于自检耳。若犹是弟之于兄也，天显之恩至重，岂其别有猜嫌。公为叔弟，叔竟自忘其为兄，欲先事

---

① 此文底本两版面错乱，据湖南图书馆藏初刻本补正。

以预防，而何可防乎？

此其过，宜乎？不宜乎？

然则公之过，固孺子王所当曲谅者也。恃王室之亲，以弭殷遗之患。畴不谓计出于万全，孰意防捍我仇雠者，竟为仇雠倚赖乎？谁无兄弟，乃不念脊令之在原，而忽悼鸱鸮之毁室也。迨至礼重郊迎，始知四国是皇者，只为予一人之故。则在冲人，当亦有知其过之所自来者已。

且即我文武所能默鉴者也。借屏藩之寄，以敦友爱之情。夫何尝过存以远虑，而孰意辅翼我国家者，竟贻国家后患乎？谁无兄弟，岂忍弃一家之手足，而致与敌国以爪牙也。迨至手夷大难，而知三年避位者，实因此同父之人。则在先王，当亦有知其过之难预料者已。

轻以过议古人者，乌得以古人借口耶？

就当日时势，通盘打算，只"不忍逆料其有过"一语，便道出圣人心事，"宜"字迎刃而解矣。以错采镂金之词，写披肝沥胆之思。从前说经文字，无此精心。用经文字，无此秀骨。均庵。

庠者，养也

即庠以申其义，而养行于乡矣。

夫养不仅于乡行之，而庠之设为教者以此，不可即其义而显揭之欤？

且昔有虞氏未详乡学之制，而养国老，养庶老，特著其义于上庠下庠。此庠之名所由昉也。顾庠列于国，天子既隆羞耆之文。而庠设于乡，间阎尤重尚年之典。间尝观于党正所掌，而蔼然孝弟之意，犹可扬榷陈焉。

助法行，而设以庠序学校，此教之继乎养者也。然而养之义，又别有因教而著者，则曷进而验诸庠。今夫庠非教所自始哉？

地不过属民读法，曾未有执酱而馈，执爵而酳之仪。即进为吏者以为师，岂若养自东胶，养自虞庠。而揖让素娴，咸知立敬之始于长。

人犹是负耒横经，初未睹七十二膳，八十常珍之赐。则进为农者以为士，又非若深衣而养，元衣而养。而引年自上，素知贵老之近于亲。

则是养之未易行于乡也。就令田家作苦，而刍羔酌酒，时得与一二父老导养天和，亦不过其俗使然，安睹所谓尊长养老，以成为教者哉？乃臣尝优游闾党，稽古五百家遗制。而苍颜白发，扶杖来游者，犹得举拜、至拜、洗拜、受拜送诸节，三豆、四豆、五豆、六豆诸仪。谓是贵年尚齿之泽，涵煦百年，其遗风犹有存者。盖未尝不叹年之贵于天下也久，而庠之有取于养，其义尤深且远也。

养莫重于奔走服劳之事。彼授几详于月令，正履诏自司徒。圣王犹不惮临雍之拜相，我民其敢或遗寿考哉？惟知事之不可缓者，孝弟即继乎力田。则入庠门而揖逊，皆得观不争不慢之风焉。养胡考以椒馨，尚其肆雅。养眉寿以春酒，可与歙豳。即异日观宪乞于天家，而习于庠者，其事固已素裕也。则引翼维祺，不较诸鼎以养贤，并以养民之旨，而更切欤！

养莫笃于尊崇爱敬之心。彼仲春礼重献鸠，季春礼隆合乐。圣王且订为惇史之编，凡我民庸敢咈其耇长哉？惟知心之有恒者，岂弟隐原于至性。则卜元日而朝庠，庶无蹈移遂移郊之罚焉。颁白无负戴于道，先养其身。政役咸侍听于堂，并养其志。即异日相隆仪于更老，而教诸庠者，其心固已油然也。则习乡尚齿，不较诸颐言自养，坤言致养之意，而更深欤！

试更进稽乎校与序之制。

注下明伦生意，语语确切。乡学经术湛深，精心炼冶。是真借彼添采，发我性灵者。涂泽家尚未窥此秘钥。受业张国英识。

夏曰校，殷曰序，周曰庠，学则三代共之，皆所以明人伦也。人伦明于上，小民亲于下

稽三代建学之制，明伦之效可睹已。

夫三代乡学之建，与国学同。虽其名不尽同，而所以明伦则无不同也。不可进观其效哉？

尝谓三代盛王不易民而治，而其教之所由立。凡以为斯民也，其教成于乡者，有改制之名，异世不难师其意。其教成于国者，有同揆之意，累朝不妨袭其名。道德茂而风俗醇，则教泽之涵濡者深也。

庠序校与学并设，而为养为教为射，先著其义于乡。诚以乡之民，固即升之学者也。而乡学与国学，其名果何自昉哉？

盖尝观三代之治所由分，立制因时，设教者先不匮夫野处之秀，故观于乡而王道易。其立名之各不相假者，虽圣王不能强为同也。

又尝观三代之治所由合，风同道一，设教者尤端本于首善之区，故入其国而雅化昭。其定制之罔不相沿者，虽圣王不能故为异也。

夏曰校，殷曰序，周曰庠，而学则三代共之。且夫化民成俗之必由学者，自乡学升之国学。农与士既判其途，则培养为独厚也。以国学统乎乡学，朝与野咸观其化，则转移为更神也。我观司徒有命，因民之不亲不逊，而必教以人伦者，自三代之上已然。及夏殷周继之，而学制日益备，而教化日益隆。后之人抚其遗制，犹穆然于圣王之盛治焉。今即相去数百年，其流风余韵鲜有存者，而民固犹是三代之民也，学亦犹是三代之学也，皆所以明人伦，固三代意也。然则学既立，而伦尚安有不明者。伦既明，而民尚

安有不亲者。

善良日萃于乡间，则亲之以山枢蟋蟀而民俗醇，亲之以朋酒羔羊而民气乐。然其亲也，固非民之自为亲矣。谓人伦中实有予我以固结莫解者，耰锄箕帚之风，何可令上之人见耶？里豆庠笾，诏诸乡吏，则夏殷周之教泽其流而示之者，已足化乔野之习，而同我太平。

选造日升为国秀，则亲之以采藻观旂而民风茂，亲之以夏弦春诵而民志和。然其亲也，固非民之强为亲矣。谓人伦中实有予我以恩谊相维者，讲让型仁之习，不已自上之人开耶？雍钟泮鼓，蔚为国华，则夏殷周之隆规其防而范之者，自足启爱敬之良，而偕之大道。

此继养言教，而恒心之所由复也。教民者，可勿以人伦为急务哉？

循题布置，而分合顺逆，起伏操纵，自具得心应手之妙。良由经术湛深，于先王良法美意，本末异同，七洞八达。故其言之长短高下，无不与气俱盛也。尧农。

夫妇有别，长幼有序

以别与序为教，伦尽于夫妇长幼矣。

夫非有别，无以正夫妇。非有序，亦无以辨长幼也。教故继亲义而及之。

且盈天地间，一乾刚坤柔之理也，一老安少怀之类也。其理合，尤必于判然者观其分。其类分，尤必于秩然者观其合。自大司徒阴礼教亲，阳礼教让，而内外正，尊卑辨，遂炳焉与君父之伦相始终。知此可进观契之教矣。

今夫王化之始闺门也，有夫妇，然后有父子，故相敬凛如宾，饮酒歌偕老。即力耕者之依媚，亦解夫夫妇妇之仪。

世子之明齿让也，有长幼，然后有君臣，故颁白免负戴，氓庶有分亲。即劳力者之周旋，亦循长长幼幼之节。

虽然，曾亦念无教时之夫妇长幼，顾何如者哉？

且夫情以无节则易流，故咸、恒即以遁继之，此别之说也。

分以无纪则易越，故艮、坎必以震先之，此序之说也。

饮食与男女，日相习而大欲存。始焉喜心感，而以无别忘庄敬。继焉慢心起，而以无别溃防闲。终焉疑心生，而以无别成离间。夫妇之伦稍致，将身与禽兽邻，而流荡者在天灾。行与禽兽近，而流荡者在人纪也，谁与严正内正外之防？

淫佚与骄奢，日相乘而大患起。初谓年可忘，而以无序失幼仪。继谓迹可略，而以无序慢侪辈。卒谓势可轧，而以无序侮老成。长幼之伦偶逾，将显为禽兽逼，而逆行者在洪流。隐与禽兽近，而逆施者且在俦类也，谁与申犯齿犯尊之戒？

吾乃知有别有序之教深远矣。

礼节之严肃为别，性情之静正尤为别。妃匹实基万福之原，安可以暧昧参也。夫当璧者争，攘羰者乱，后世有以夫妇而患贻长幼者矣。有别，则闺闱之内，肃若朝廷。无别，则床第之间，衅乘骨肉。念谁无唱随之义者，而忍令其忧生燕笑也哉？盖必正衣冠而处，而嘻嗃静于家庭，敷教者庶可免为礼无别之患矣。

上下之整饬为序，心志之顺承尤为序。引年可垂三代之则，安得以狎侮与也。夫乘舟者危，委禽者叛，后世有以长幼而渎乱夫妇者矣。有序，则笾豆之际，悉见情文。无序，则阋墙之嫌，遂忘亲爱。念谁无稍长之敬者，而忍令其训忘礼顺也哉？盖必操几杖以从，而疾徐不忘末节，立教者庶可免日失其序之虞矣。

然而尤有朋友之伦在。

处处归重教上，将圣人一片忧民心事，直就夫妇长幼和盘托出，谈并耕者无从置喙矣。披文相质，理密气疏，觉布帛菽粟中，自具奇观。九溪。

陈良，楚产也，悦周公、仲尼之道

人有不为地囿者，圣道先悦诸心矣。

夫良而产于楚，似未易闻周公、仲尼之道者。观其所悦，亦何寄情独远欤？

且九州有各殊之地域，千古无各异之性情。苟地域限之，而性情通之，初何虑圣道之未见哉？盖随地钟英，不受转移于风气。斯抗心希古，别深契合于渊微。甚勿谓往圣有心传，遂非僻处一隅者所能见及也。

今夫古今之相持于不变者，道也。以余所闻夫非欲不变焉，以至于道哉？然是道也，窃有为楚之陈良难之者。

盖古圣之行道于上也，读官礼者，知王道之精。过涧瀍者，知周道之盛，亦以为居能近圣耳。乃分陕虽周汝汉，而赤舄绣裳，遗徽不再。谁谓咏鸿飞者，即在潇湘云梦之区。

古圣之传道于世也，从匡邑者，知道不丧于天。游洙泗者，知道未坠于地，亦以为幸及圣门耳。乃书社未锡荣封，而宫墙美富，想望云遥。谁谓歌风德者，复在苍野菟和之境。

良而不产于楚则已，良而产于楚也。夫亦惟是敬恭桑梓，侪伍凡民，道其所道，非吾所谓道耳。尚安知宇宙间，有所谓周公、仲尼之道哉？而不意良也，则相悦以解，必宗前圣之传。亦能悦诸心，不囿楚人之见。

艰难念小人之依，而洛治七年，周公不以明农。老礼信非小人之事，而德隆千圣，仲尼不为稼圃。谋言道于古圣，岂易自为怡悦哉？乃良则不欲争烈于手足，偏欲争胜于神明。而陈《诗》止及《豳风》，知有相道者，惟存笃棐。尚德不关耕稼，信传大道者，别有渊源。举凡衮衣咏东山，麛裘歌东国，两圣之若有神交者，皆一人之所为神往者也，夫岂虑地之隔阂欤？

荜路虽曰启疆，初何知治美睢麟，共式周公之猷训。《梼杌》虽云作史，初何知诛严钺铖，共闻夫子之文章。言圣道于楚，岂易交相悦怿哉？乃良则不欲自侪于流俗，偏欲自伍于圣神。而读《鬻子》之书，觉道在显谟，惟周公未尝欺我。聆叶公之问，觉道在愤乐，即仲尼所以为人。举凡三年纪东征，三月宏相治，前圣之衍为心源者，即后人之特深心契者也，而何患情之阻抑欤？

良之所悦如是，则虽过其野，而犹有神农氏之踪。不必著为言，而祗遵神农氏之教。倘以子所大悦者质之，能勿慨然于所学之异趣哉？

　　不单叙楚产，故制局独紧。不空衍悦道，故措语皆新。佳在处处为陈良出色，即处处为许行对针。巧思瀋发，硬语盘空，此深心大力之作，不得以时手浮艳目之。少青。

圣人，人伦之至也

求人伦于圣人，可以观其至矣。

夫人同此伦，而伦固有其至焉者，其能勿穆然于圣人乎？

且天下至奇之行，其理归于至平。而至难之事，其途创于至易。自夫人日相习于平易之中，而莫窥其究竟。遂举古今来之诣乎其至者，而奇之，而难之，谓是充然。不容歉之量与肫然，莫可解之天。有必如是，而后可以无憾者，则诚夐乎其莫尚也。

今夫人与人，亦泛泛焉相值于天地间耳。自范之以伦，而遂有其莫能外者焉。自命之以伦之至，而遂有其无复加者焉。至以尽人莫能外者，极之尽人无复加。谓必如是，而后可以为伦。必如是，而后无愧为人。则必有隐摄乎天下后世之人之心，而不徒泛泛焉相值于天地间者。至矣乎，自非圣人，其谁是当此而无忝乎？

盖伦始于察，察则必以其知之至者，洞悉乎委曲周详之故，而得其所为至当者焉。而圣人固非于至当中，别有歧趋也。惟伦有至当，而使未臻其至者儳焉。无以自容，亦伦有至当，而使必求其至者勉焉。无可自怨，则固有为天下后世立之鹄者矣。

伦贵于敦，敦则必以其行之至者，曲致其缠绵笃挚之忱，而得其所为至极者焉。而圣人固非于至极中，自矜独造也。惟伦有至极，而至不至悬绝焉。而无假托之缘，亦伦有至极，而至不至立判焉。而无中立之势，则固有为天下后世峻其防者矣。

然而，圣人初不自以为至也。伦理偶值乖违，亦几自侪于众人而不可得。而特以不敝之理，稍迁就焉，而卒莫得其安。于是力求其秩然者，而文至焉。力求其蔼然者，而情至焉。其心理之所共慊者常固，至变亦至也。在众人心目中，觉千古只有此圣。在圣人心目中，觉万事不外此伦。穷之至参赞，而始之在性情，则圣人之不矜绝特者，其即所为绝特也哉！

然而，人伦正别无所为至也。伦类极其多，故亦咸谓求进于圣人者为甚难。而究之不易之经，稍惭负焉，而卒无以自解。由是切求乎恩之明者，而恩至焉。切求乎谊之美者，而谊至焉。其分际之不容越者能独至，乃能众至也。惟天地间，无一日可以废此伦。斯天地间，历万古而惟尊此圣。精之至化神，而浅之在日用，则圣人之不可几及者，其即共当几及者哉！

是所望于法之者。

通首不作一赞圣人语，只就人伦上看得四面圆通。"法尧舜"句，自尔筋脉动摇。并道二节，亦归函盖。返虚入浑，积健为雄。笔足以达其情，气足以举其理，此抗希堂之胜场也。祁春圃师。

沧浪之水清兮，可以濯我缨；
沧浪之水浊兮，可以濯我足

述沧浪之咏，清与浊异其用矣。

夫濯缨者此沧浪，濯足者亦此沧浪也。而分著其清与浊，岂仅为水咏哉？

且致治清浊之源，固与人家国事者，所不惮直言无隐者也。乃有时激浊扬清之故，当局难言之，而旁观得而咏叹之。觉涉世无异于涉渊，即监民不殊于监水。若孺子之咏沧浪者，可述焉。

今夫孺子之自适其性也，侍寝偶闲，或值拂缨之候。躬耕未解，曾无涂足之劳。彼希古而振缨，临世而濯足，谁暇先为孺子告也。而忽咏及于濯缨濯足者，何也？

抑孺子之自怡其情也，志气之清明，犹未漓乎性始。俗尘之溷浊，曾何与于怀来。彼谬托于清流，自全于浊世，皆未足为孺子言也。而忽咏及于水清水浊者，何也？

乃始闻其歌，则曰可以濯我缨矣。夫犹是沧浪也。方举趾之未遑，岂枕流之自便。何以神怡心旷者，若先有新沐弹冠之乐也，而孺子则特美之曰清。

继聆其歌，又曰可以濯我足矣。夫犹是沧浪也。纵褰裳而可就，岂濡首之堪虞。何以扬波汩泥者，若只循深厉浅揭之常也，而孺子则直言之曰浊。

夫以水之或清或浊也，此无定者也。乃实之曰濯我缨，濯我足，而无定者遂拘于有定。是观水者先存一我之见，而于水无与也。然使清者可以目为浊，浊者可以目为清，何以濯缨时即此一沧浪，濯足时又若别易一沧浪耶？则岂沧浪之待孺子，当前本无清浊，而孺子之待沧浪，意中自为清浊耶？而孺子若弗知也。

以水之偶清而偶浊也，此有形者也。乃悬拟之曰可濯缨，可濯足，而有形者先摄于无形。是观水者预存两可之见，而于水仍无与也。然使清者不复转为浊，浊者不复转为清，何以濯缨者同此一沧浪，濯足者究非别易一沧浪耶？则岂孺子之濯缨濯足，本无意于沧浪，而沧浪之旋浊旋清，并无分于缨足耶？而孺子仍若弗知也。

及孔子闻之，而直决之曰自取。则致治清浊之源，视此矣。自取者，独水也乎哉！

濯缨濯足，倒注在清浊上。而或清或浊，总归入沧浪之水，自取意跃然言下矣。妙在清微澹折，骀宕夷犹，恰合孺子无心歌咏。一片天机，身有仙骨，世人安知其故也。龙溪。

处处含得两"斯"字，却处处留得两"斯"字。缘在孺子口中，尚非有心棒喝。不经圣人指点，或且鹘突听过也。明眼人善于相题如此。受业谢荣堁识。

人有不为也，而后可以有为

有为者贵有守，当先审其所不为矣。

夫谁不望其可以有为者，特恐无不为，而遂不足有为也。人尚慎思其可哉？

且夫人未事而谈干济，则以退葸为惭。既事而论经猷，则以依违为虑。似存一不为之见，事遂无复可为矣。不知事之失，失于绝意不为者犹少，失于率意妄为者实多。盖自功名急而气节卑，机变巧而防检坏，其适足偾事者，比比也。不然，天下有必为之事，惟患无可为之人。得其人矣，而其人亦急欲为之矣。乃不遽望其有为，而反欲核其所不为者，何哉？

大抵庸人为一事，患在观望。才人为一事，患在张皇。见才太急，而进身之本先不端。恃才易骄，而涉世之心先不静。则所以辨是非者，未审也。

愚者有所为，易失事机。智者有所为，易生事变。私智自矜，而以回邪试其术。小智自用，而以便捷诩其能。则所以持介节者，未严也。

于此而欲其有为也，乌乎可？

夫天下辨事理者贵明，违不塞而德何可建，害不明而利何可图。故以仓猝任事，功究不若以智养恬，而其神自暇。

而天下相事宜者贵决，有迁就而力已不能贞，有危疑而气已不能振。故以唯阿徇众，论究不若中立不倚，而其守益坚。

乃知有不为者，不与流俗驰骛于功名，而后一世之功名可立也。当其沉机观变，喜事者或讥其选愞，近名者或诮其迂疏。迨至苟且图之而不可，乖违任之而又不可。乃深信可有为者，固持定识于事先，而愈沉潜，自愈英毅也。性情既正，故艰难百折而不回。品望自端，故志节一成而不易。则利可以与，而变可以济者，微斯人，谁与归也哉？

不以游移自隳其防检，而后一己之防检益严也。当其韬晦潜真，豪杰或欲借之以立名，权奸或欲要之以树党。究之稍贬其节既不可，轻试其才又不可。乃愈叹可有为者，固见贞操于临事，而愈恬淡，乃愈奋兴也。其志无可夺，故只知有彰瘅而不知有毁誉。其识无可淆，故只知有从违而不知有趋避。则善可以扬，而枉可以错者，非夫人，讵能及此哉？

愿以告天下之急欲有为者。

含定有为说不为，则不为见力量。带定不为说有为，则有为见身分。卓识伟论，辟易千人。而兴高采烈之中，亦复色正芒寒。昔人谓王会稽书，如龙跳虎卧，鳞爪皆威，由其骨力胜也。受业张锡庚识。

启贤，能敬承继禹之道

嗣夏王者以敬，知传子即传贤也。

夫启非贤，何以能敬，非敬何以能承能继。然则禹直以其贤而传之耳，传子云乎哉！

且帝王之承承继继者，道而已矣。道之所以能承能继者，敬而已矣。顾道之统开于帝，惟禹能祗承之。而官天下之局，以终道之统传于王，惟继禹者能敬承之，而家天下之局以始。

朱均之不肖，而未足为贤。实朱均之不敬，而未闻乎道也。尚安望其能承能继哉？而吾独穆然于启。

传心之法始于尧，禹不闻以允执之文，订为家训。况席平成之业者，志易满。不若戒圮族之忿者，心独劳。倘与额额者同事慢游，将五子之歌，不待作于再传以后。

教胄之典详于舜，禹不暇于荒度之日，计及贻谋。纵涂山之母教，可以闲家。或亦如帝母之徽音，不能善后。倘其呱呱者终非令子，恐六卿未誓，已先虑其九鼎之迁。

贤哉启乎，何其独能承继禹之道乎？

戒用休，董用威，禹能叙九功以陈德。赏于祖，戮于社，启亦能誓六事以宣威。禹承帝学而道存，启承家学而道愈存也。故肇位特书仲康，而堂构之基已立。

汩陈五行者，禹能干其蛊以陈畴。威侮五行者，启亦能剿其命以行罚。禹以不继父志而道存，启以能继父志而道愈存也。故典则传诸王府，而明德之泽长留。

其承也，继也，一敬为之也。

《尧典》于时曰敬授，《舜典》于教曰敬敷，知勋华总归于兢业。启以贵胄承其绪，敬不积，道其曷由凝乎？夫长子主器，震恐实致福之原。我观《甘誓》附于《禹贡》，而恪恭之意，即无难开国以承家。又何论享万国于钧台，能继会稽之典。奏《九歌》于大野，能继大夏之声也。幾康有心学，惟启也具见渊源。即令进帝廷而质之，当亦叹为惟汝贤也已。

《禹谟》言德曰敬修，《禹范》言事曰敬用，知元王日厉乎忧劳。启以冢嗣承其休，敬稍分，道其何由合乎？夫兆民甫临，驭朽实忧危之地。我观朝觐共戴储君，而图箓始膺，绝不以守成而长傲。又何论平其讼狱，能继下车泣罪之仁。祝以讴歌，能继舞羽格苗之盛也。儆戒有深心，惟启也守为家法。即令合功臣而卜之，当亦信其莫与争能也已。

夫道在而位归之，启之始愿不及此，其及此岂非天哉？

朱均非贤，故不能承继尧舜之道，其原只是不敬，从此勘破题窾。"道"字即钦始钦终之心法，"能"字即无怠无荒之圣功，禅继义一，只此一"敬"字，便是传子传贤巴鼻也。扼题之要，抉经之精。藻采缤纷，神光透露，固知寒俭家数，未许作金华殿中人语。惺夫。

周公之不有天下，犹益之于夏，伊尹之于殷也

相周者亦终于相，可例观相夏相殷者矣。

夫周公岂不可有天下者？而其不有也，与益同，即与伊尹同，自可合而观之。

且自我元公监有夏，监有殷，而郅治成。论者谓手定天下者，即可躬承天下矣。抑知硕肤孙而始终于相，徂东山者无殊避位箕山。天休至而笃棐，惟王营洛邑者，亦似迎王亳邑。乃叹景命攸归，虽家相有莫能易焉者。监夏有明征，监殷亦有成例也。

益与伊尹、周公，俱不有天下。观尹之已事已，可晓然于益矣。而凡类益者，皆可作益观矣，又何疑于周公也哉？

咏飞鸿而斧破三年，小腆无能纪叙。则未有天下，而勤施在四方。岂既有天下，而兼施忘四事，而奚至以辅翼终也。乃冲人膺大宝，究不闻巽位于元勋。

警鸣鸟而治归四辅，大猷始克允升。则未有天下，而睢麟犹可咏。将既有天下，而官礼愈可行，又何虑以赞襄老也。乃孺子绍前休，究不闻授权于冢宰。

公之不有天下也，与益同。由益而例诸尹，则亦与尹同。

且夫元圣而承厥考，基非犹是，鲜食共奏者，其分疏也。

介弟而绍乃兄，业非犹是，昌言共拜者，其势隔也。

负扆则天威彰德，复辟则元祀纪功，又非犹是先正保衡之嗣，王不惠也。论其理，宜无不可有天下，而竟不能践天子位，为天下王。徒令后之论者，谓益如是，尹犹是，公亦犹是也，何哉？

则尝合而论之，在我公光明磊落，嗣子可辅，则辅之。夫岂谓有夏已弗传贤，始欲与商先哲同，尽此明勋偶王之职。然而益稷同谟，益有济天下之才，启适乘之，而益不有焉。稷启家天下

之祚，公实继之，而公仍不有焉。可知德成文武，其与益赞禹，尹相汤，际遇要无异同也。所以小子同未在位，而作孚先，未作恭先。冲人虽弗及知，而能基命，即能定命。敢曰建无穷之基，亦有无穷之闻。竟不妨易俾侯之命，而忽推叔父以当阳也哉！

以天下遗大投艰，昊天有命，斯受之。夫岂以夏后既尝传子，遂能必孺子王同，得此左右厥辟之臣。第观三代同运，益佐王运始，虽夏祚几于中绝，而益不有焉。公成王运终，虽礼乐上视王朝，而天下仍不有焉。可知志切明农，其与益避位，尹告归，后先实相辉映也。所以《豳风》陈《七月》之诗，皇建极，臣惟保极。洛邑纪七年之绩，周有终，相亦有终。敢曰有无疆之恤，即有无疆之休。遂不难援弟及之规，而忽降元臣以宝命也哉！

是公之不有天下，亦犹益之于夏，尹之于殷也，而又何疑于益哉？

观下夏、后殷、周继一语，可知《孟子》引伊尹、周公为益作证，全为传子一言抉破疑障。但此题主客轻重，颇难明划。其见及此者，又只多作提卸补撒之笔，益形镠葛矣。勘透大旨，穿穴经义以出之，精余题外，气倍词前，此《孟子》七篇中绝大关系之文。尹臣。

宫之奇谏

虞有谏臣，无补于时事者也。

夫虞事之宜谏，谁弗知之。然当日之以谏闻者，不已有宫之奇在耶？

且自来论人品者，必称谏臣。诚以主德不尽清明，或一时迷误，正赖苦口而争者，指陈利害，庶不致受豢于强邻。谏臣之有关于主德也大矣哉！及读史，至晋人以璧马假虞一事，又爽然失矣。

夫当日之论虞事者，亦孰不谓亟赖有谏之之人哉？

何则料敌具有老成，荀息特一孺子计耳。谈笑而折以微词，愧无地矣。得一谏者以协赞君前，彼币重言甘，当亦如稽首舟中，早示三年之拜赐。

制敌更便奇策，献公特一侥幸谋耳。从容而施以小术，粉如齑矣。得一谏者以开张主听，彼牵马操璧，应亦有哭师郊外，预知只轮之无归。

亦孰不谓亟赖有谏之之人哉？虽然，莫谓无其人也。

方荀息之进谋也，献公已为虞策矣。何策乎尔，策乎宫之奇也。然献公正非重视乎宫之奇也。有其不足重视者，已了然于献公之意中。而后策及乎宫之奇，谓此披肝沥胆之口，得尝试于万有一信之余，以挠吾谋也。夫策宫之奇者，仅策之于万有一信，而为宫之奇者危矣。

迨献公之不果行其谋也，荀息又为虞策之矣。何策乎尔，亦策乎宫之奇也。然荀息正非轻视乎宫之奇也。有其可以轻视者，先了然于荀息之意中。而后策及乎宫之奇，谓此披肝沥胆之口，果得尝试于万有一信之余，谁敢为是谋也。夫策宫之奇者，并不策之于万有一信，而为宫之奇者愈危矣。

故当日者，以罕譬为谏，则譬以辅车矣，譬以唇齿矣。义胆忠肝，亦当在逢比之列。

以痛切为谏，则晓以桓庄矣，晓以逼矣。言酸词楚，直如陈泣血之书。

而或者曰，荀息之策奇也，策其达而言略，夫不有单辞悟主者乎？策其懦不能强，夫不有婉言补衮者乎？策其少长于君，而君轻夫少长，于君则亲旧也。亲旧且不可，况疏远乎？此特荀息之微词耳，而百里奚早见及此矣。

274

以虞公之不可谏作骨，而忠与智两无碍。黄东篱师。

绕典十四岁时，即受业于黄东篱先生。先生天才超逸，学术湛深，案头不置一书，每与及门论古，上下数千年如枚数，合经史传注，至老不忘。而遭际迍邅，晚年筑室泸溪，曰弗谖斋，日惟评诗校文为乐。于绕典期许特隆，此艺，乃嘉庆丁卯冬经先生斧藻者也，适从旧簏中得之，不禁泫然动西州之恸云。绕典自识。

献子之与此五人者友也，无献子之家者也

以德相尚者，无贵之见存矣。

夫献子所与友者，乃能无献子之家，献子固加人一等矣。此五人者，又多乎哉？

尝谓士不患无权，患无道。伊古以来，道常伸，而权常屈者，诚以道与权分，而道不为权屈。斯权与道合，而道愈以权伸。降及后世，道常在士，而权归于列邦之大夫。于是好善而忘势，乐其道而忘人之势者，亦不数觏矣。

吾得五人焉，盖尝得之无百乘之家之献子。夫献子之家，至贵也。席三桓之余业，声势烜赫一时。奉令承教，唯阿取容者，当不乏人。惟五人能以其德高之，而五人之有其德也。泥视珠玉，尘视轩冕，惟献子能忘其贵以下之。《易》曰以贵下贱，大得民也，献子以之。《礼》曰不充诎于富贵，不陨获于贫贱，五人以之。惟五人能游心于高爵厚禄之外，而无所介于怀。斯献子乃倾心于行芳志洁之中，而并志其所挟。非献子不能成五人之高，非五人亦岂能当献子之意哉？

然而天下不重献子之能得人，而独重五人之可以服献子者，何也？则当仍观于献子之与此五人者友也。今夫献子意中不能无五人，实以五人意中可以无献子。亦惟五人意中，能以所无傲献子。而献子意中，乃不能以所无傲五人。且献子意中，知五人能傲以所无，而不敢轻五人。五人意中，亦知献子不能傲以其所无，而并不敢轻献子。夫其所以不敢轻献子者，何也？知其为友德之献子也，不知其为百乘之家之献子也。借令献子当日出金玉锦绣，以夸其卿相之尊。我知献子之门，必无此五人之辙矣。

是故当日者，鲁之人几不解贵如献子，何以友此五人。更不

解德如五人，何以友百乘之家之献子。而献子自殷然也，而五人殊泊然也，五人固无献子之家者也。夷考献子之言曰：百乘之家，不畜聚敛之臣。夫臣者，臣以贵，非仅臣以德也。而巧于取容者，尚不欲臣之如此，而况友之乎？

吁！此道之所以常伸，此权之所以常屈也。独五人也哉？独献子也哉？

抱定不挟贵意，抬高五人身分，正曲绘献子心思。其用意用笔，神明于古文法度，而不徒袭其貌。故或平行侧注，或单提双绾，操纵离合，纯任自然。何义门、刘大山两家散体之文，神致如此。紫峰。

集中散体，只此一艺。吾舅氏为文，谨饬可见其概。甥刘福寿识。

大匠诲人，必以规矩，学者亦必以规矩

规矩之莫外也，艺事已有然矣。

夫使人可自外于规矩，则诲人与学于人者，何遂必以此乎，则艺事不可借鉴乎？

且天下有一二物，而众物于此受裁焉。谓是迹象之所存，即神明之所寄也。古圣人制器尚象，举物类之范围而曲成者，而预定其则，以为授受之所不能违，此固当然之理，抑亦必然之势矣。间尝游大匠之门，而恍乎遇之。

今夫阴阳判而奇耦分，而奇圆者三，耦方者四，则无形之规矩寓焉。夫极阴阳之变化，且莫外乎规矩，而况其为物曲也。

天地位而乾坤定，而圆以象天，方以象地，则有形之规矩出焉。夫极天地之崇卑，且不离乎规矩，而况其在人工也。

是故为大匠者，不欲诲人斯已耳。一言诲，则因物而付物，即以人而治人。断不敢以偭规错矩，致贻弃材之咎。

人惟不学，于大匠斯已耳。一言学，则从之而亦步亦趋，自守之而有伦有要。安得不以循规蹈矩，自坚向往之忱。

世运之迭更也，破觚可以为圜，斫雕可以为朴。日复一日，而规矩或致失其真，然而必以者自在也。夫使一时各成一规矩，则变本或且加厉。而千古共此一规矩，则殊涂罔不同归。以之为诲，而诲者无他道。以之为学，而学亦无旁趋也。盖有物，固自有则耳，而又何疑于世运哉？

人情之日异也，非公输而自矜其巧，非离娄而自恃其明。歧又有歧，而规矩或且违其则，然而必以者自在也。夫使一人各私一规矩，则奇技淫巧有殊情。而万众只共一规矩，则智创巧述无二理。诲必以此，而绳墨无庸改。废学亦必以此，而率由自泯愆忘也。盖形下，亦同形上耳，而岂或变于人情也哉？

大匠诲人，必以规矩，学者亦必以规矩。夫规矩其小焉者也。

孟子此言，原借匠事作指点。文乃七洞八达，使题里题外，上下俱彻，毫发无遗憾，波澜独老成。此不貌为浑古，而自超绝时流者。汉城。

王介甫云：知天而不知人则野，知人而不知天则伪。家君之文，黜野裁伪，惟善全其天，而尽人事以辅之耳。男衔灿谨志。

无为其所不为，无欲其所不欲

明不为不欲之初心，则为与欲皆宜慎矣。

夫既有所不为不欲矣，而为之，而欲之，其心尚可问乎？则惟无之者能守是心勿失耳。

且夫人识每绌于有所蒙，而志常败于多所昵。夫事之来也，烛之以识而是非判，决之以志而从违判。乃是非本无所淆，从违反无所据，而遂至识蒙而志亦昵焉者，则心本明，而治心之心犹未能自克也。

今夫万事皆起于有为，而万念皆成于有欲。故为圣为贤，当存有为若是之想。欲立欲达，须知我欲斯至之机。至反其为与欲者，而逆而制之，此其心必更有危焉者矣。

且夫有不为而后能有为，有不欲而后能无欲。故必守之于为，而名教之闲立。亦必制之于欲，而平旦之气清。至综其不为不欲者，而固而存之，则其心更有密焉者矣。

然则世之悍然为之者，岂真本无不为哉？乃始牵于势而中立难，继染于习而矫制难，终毁于随而改过又难。斯无定力者，遂无完行。

今之纷然欲之者，又岂本无不欲哉？乃初投所好而徇私易，既乘所便而饰非易，后昵所安而波靡愈易。故有歧念者，遂有违心。

使其无之，则必举所不为所不欲者，而凛然守之。夫私之起，常起于暧昧。而私之绝，即绝于严明。大廷未能指摘者，幽独得而心数之。千古之善败，炯鉴无可逃。一念之纯疵，检绳无可懈。分按之曰，所不为所不欲，而兢兢自守者，先有成心。奈何自立其防，而自溃之耶？故廓清其志气，而充诎陨获无所妨。亦砥砺其廉隅，而道义纲常无所歉。

且必引其所不为其所不欲者，而确然据之。夫得失在人，豪杰或难致力。操纵在己，下愚亦可图功。万众所为訾议者，一心得而防范之。循事理之发端，既亲切而可按。验身心之流弊，又昭著而难诬。切指之曰，其所不为其所不欲，而念念自持者，初无旁贷。奈何自操其鉴，而自蔽之耶？故节有所不渝，而心性猷为罔弗正。中无所不足，而经权常变乃咸宜。

由是而扩充之，而义不可胜用矣，夫岂待外求哉？

从不为欲翻起为欲，妙能以纵为擒。从为欲逼起无为无欲，妙能以生为杀。敲实击虚，入深出显。文心缜密，文格苍坚，其武事之摧陷廓清者欤！受业王曜辰识。

朴实浑坚，集中胎息，思泉之文如此。受业张国成识。

智之于贤者也

知贤者之宜辨，智有专属矣。

夫贤不可以不辨，而非智无以辨之，则智不又有专属乎？

且至无定者人之品，而至有定者人之识。不观识之有定，而品之优与绌，将无所凭也。不观品之无定，而识之明与昧，亦无所核也。惟以有定之识，定无定之品。一定其品之高下，而识之高下亦即于此见焉。

试进仁礼义而言智，夫智果何所见端哉？

孝慈之止本缉熙，则智行于父子。宅俊之选归灼见，则智行于君臣。则效之德美孔昭，则智行于宾主。惺惺不昧，而触处遇其天。智无尽，智之用亦无尽也。

好仁不蔽以愚，智因父子而愈见行。义能达其道，智因君臣而愈见成。礼而加以敏，智因宾主而愈见。斤斤其明，而随在通其悟。智无方，智之用亦无方也。

然而智不自有专属耶？夫不观其于贤者耶？

贤者在千古，则智为千古定其衡。有虚盗贤者之名，足欺当世，而智特发其覆。有伪托贤者之迹，足愚后人，而智特窥其隐。且有抑塞贤者之徒党，以自成徒党，而智特屏其奸。贤自有真，非智谁剖其真耶？即有时智形其蔽，妄以成败论英雄。智未能周，或以诗书滋疑误，而有智而贤者，以是屈。亦有智而贤者，仍以是伸也。则上下千古之衡，不归之智而不得。

贤者在一时，则智为一时操其鉴。有效贤者之实行，人反相讥，而智能原其意。有具贤人之实心，人皆不谅，而智能辨其诬。且有菲薄贤者之学术，以别为学术，而智能纠以正。贤亦易伪，非智孰明其伪乎？即有时智失之疏，反以金壬远正士。智邻于凿，或以苛察失长才，而偏而暗，则智以贤者穷。公而明，则智益以贤者濬也。而进退一时之鉴，不归之智而不能。

故就智而概论之，贤不一贤，而智只一智。举万有不齐之贤，专而责之于智，而贤不见多，智亦不见少也。而于父子之贤见其仁，于君臣之贤见其义，于宾主之贤见其礼，皆智之于贤者所由推也。

就智而析观之，贤各一贤，智不一智。举万有不齐之智，分而给之于贤，而智深见深，智浅亦见浅也。而父或不能知贤子，君或不及察贤臣，宾或不知择贤主，亦智之于贤者所难免也。

凡此者，皆命也，然不自有性在耶？

　　但说智，是辨别贤否底物事，满纸皆尘垒矣。注定下意，将"命"字近脉，与"性"字正旨，都从"之""于"二字涵泳而出。借上文以明其义理，括史事以发其议论，冰雪聪明，雷霆精锐，此文殆兼其胜。印溪。